Les paradoxes de l'Histoire

23, rue du Cherche-Midi - 75006 Paris
Vous pouvez consulter notre catalogue général
et l'annonce de nos prochaines parutions sur notre site :
www.cherche-midi.com

Claire L'Hoër

Les paradoxes de l'Histoire

cherche midi

À mon père

Égypte et Mésopotamie

Un des pharaons était une femme

Cas unique de l'Histoire : au XVᵉ siècle avant J.-C., la reine Hatshepsout régna sur l'Égypte en se faisant appeler « pharaon » comme un homme. Fille et femme de pharaon, elle s'empara du trône lorsqu'elle devint veuve, barrant la route à l'héritier légitime. Dès lors, elle se fit appeler Fils de Rê (le dieu Soleil) et porta la barbe postiche qui était un des insignes royaux. Après sa mort, son neveu, qu'elle avait maintenu en captivité, monta enfin sur le trône de pharaon et fit disparaître le nom d'Hatshepsout de tous les monuments qu'elle avait fait bâtir.

Cléopâtre n'était pas égyptienne

La plus fameuse, la plus belle, la plus ambitieuse des reines d'Égypte, Cléopâtre VII, ne parlait pas égyptien. Elle était grecque, issue de la dynastie des Lagides. Son ancêtre était Ptolémée Sôtêr, un des généraux d'Alexandre le Grand, roi de Macédoine. Au terme de ses conquêtes, Alexandre divisa son empire entre ses plus fidèles compagnons d'armes, afin de mieux l'administrer. Ptolémée, le nouveau souverain de l'Égypte, eut l'habileté de reprendre les usages des pharaons afin de ne pas heurter son peuple. Il coiffa la double couronne et s'habilla de lin blanc. Cléopâtre fut la dernière de ses descendantes à régner sur l'Égypte. Elle se suicida en 30 avant J.-C., après la défaite d'Actium, quand Octave prétendit la montrer captive au peuple de Rome.

Toutankhamon n'a presque pas régné

La découverte de la tombe de Toutankhamon en 1922 a été l'événement le plus marquant de l'égyptomanie. Les nombreux objets en or qui la remplissaient ont fasciné des générations d'égyptophiles et ont fait du pharaon une véritable vedette. Pourtant, Toutankhamon fut un souverain très secondaire. Il ne put marquer l'histoire de son pays puisqu'il mourut très jeune, à l'âge de 19 ans. En l'enterrant à la hâte dans une petite cavité difficilement accessible, son successeur protégea involontairement sa tombe des pillards et en fit le pharaon le plus célèbre de tous les temps.

La civilisation est née en Mésopotamie

C'est sur le territoire actuel de l'Irak, entre les rives de deux grands fleuves du Moyen-Orient, le Tigre et l'Euphrate, que la plupart des éléments qui caractérisent notre civilisation sont apparus. En Mésopotamie, au VIIIe millénaire avant J.-C., les hommes eurent pour la première fois l'idée qu'ils pouvaient améliorer la reproduction des plantes qui poussent dans la nature. En semant des grains de blé sauvage sur une terre travaillée, on en augmentait le rendement : ce furent les débuts de l'agriculture. Forts de ces premiers succès, les Mésopotamiens s'organisèrent en villes de plus en plus peuplées et inventèrent bientôt un outil grâce auquel la mémoire des peuples allait être préservée : l'écriture. Grâce à elle, les souvenirs du passé sont conservés, ainsi que les lois écrites par les hommes et les comptes des finances royales. On considère que l'invention de l'écriture met un terme à la préhistoire et marque les débuts de l'histoire.

Ramsès II n'était pas un conquérant

Sur les parois du temple d'Abou Simbel, à la frontière de l'Égypte et du Soudan, le pharaon Ramsès II est représenté debout sur son char, poursuivant ses ennemis de ses flèches et de sa lance. Ce bas-relief met en scène le souverain lors de la bataille de Qadesh contre l'armée hittite. La bataille de Qadesh a bien eu lieu en 1299 avant J.-C., mais Ramsès ne l'a pas remportée. Après plusieurs heures de combat sans merci, les deux chefs de guerre durent convenir que ni l'un ni l'autre n'avait l'avantage. Ils décidèrent alors de négocier. Chacun fit des concessions et, en gage de bonne foi, Muwattali, le roi des Hittites, donna pour épouse à Ramsès sa fille Néfertari, la « belle des belles ». Heureux de s'en tirer à si bon compte, Ramsès tomba éperdument amoureux de la jeune fille, renonça à la guerre et fit sculpter, pendant les soixante-six années que dura son règne, le bas-relief de la victoire de Qadesh sur tous les temples de son immense royaume. Personne ne pouvait contester la parole du souverain.

Antiquité

Socrate n'a jamais rien écrit

Les conversations philosophiques de Socrate sont parvenues jusqu'à nous sous forme de dialogues qui évoquent des qualités humaines : le courage, la piété, l'amitié, entre autres. Dans chacune de ces scènes le fameux philosophe grec interroge un interlocuteur et l'amène à y voir plus clair en lui-même, à éclaircir ses idées sur un point donné. C'est ainsi, par le dialogue, que Socrate entend convaincre ses contemporains de la nécessité de la vertu. Parleur infatigable, il n'eut guère de temps à consacrer à l'écriture. C'est l'un de ses dernier disciples, Platon, qui, fasciné par le maître qu'il écoutait, décida de coucher par écrit les dialogues dont il avait été le témoin. C'est pourquoi aujourd'hui nous pouvons entendre parler Socrate, qui n'a pourtant jamais écrit un livre de sa vie.

Le Parthénon a explosé

Le plus grand temple de l'Antiquité parvenu jusqu'à nous est si précieux que chacun veut en posséder des morceaux : des fragments de la frise du Parthénon sont exposés au British Museum de Londres, au Louvre de Paris, à Athènes sur la colline de l'Acropole, au pied du temple lui-même. Mais ce monument universellement connu n'a pas toujours été considéré comme un trésor digne d'attention. Au Moyen Âge, la Grèce fut conquise par les Ottomans. Le passé de cette région annexée n'intéressait pas les guerriers musulmans. Ils considérèrent le Parthénon comme un bâtiment idéal pour stocker la poudre à canon dont ils avaient besoin. Le temple d'Athéna devint une poudrière géante. En 1687, un boulet de canon provoqua la catastrophe : le Parthénon explosa. Mais ce qui le détruisit devait aussi le sauver : les occupants ottomans négligèrent de dégager les gravats. Si bien qu'à la suite d'un lent travail de reconstitution de ce puzzle géant, les savants européens du XIXe siècle parvinrent à remettre l'édifice debout. Ils se dédommagèrent en emportant quelques sculptures parmi les plus belles.

Les Grecs connaissaient la circonférence de la Terre

C'est au IIIe siècle avant J.-C. que le Grec Ératosthène déduisit par simple calcul géométrique la circonférence de la Terre. Il obtint le chiffre de 39 375 kilomètres. Or, la mesure réelle est de 40 075 kilomètres. Après lui, Hipparque, un autre Grec, calcula la distance de la Terre à la Lune. Dans le domaine de la physique, Démocrite (Ve-IVe siècles) eut même l'intuition de l'existence de l'atome. Si on scinde la matière en deux morceaux un nombre infini de fois, il arrivera forcément un moment où l'on ne pourra plus la diviser : c'est l'atome.

Alexandre le Grand a conquis l'Inde

Le plus grand des conquérants est mort à 32 ans. Malgré une existence aussi brève, il a conquis une grande partie du Proche et du Moyen-Orient, de la Turquie actuelle à l'Afghanistan, en passant par l'Égypte et le Caucase. Il a même poussé son armée jusqu'aux rives de l'Indus, le fleuve qui irrigue aujourd'hui le Pakistan aux portes de l'Inde. Dans l'espoir de mettre la main sur les richesses légendaires de cette contrée, il a emmené ses soldats grecs et macédoniens jusqu'au bout de leurs forces. La troupe refusa alors d'aller plus loin pour atteindre le Gange comme le souhaitait Alexandre. Le conquérant renonça et mourut sur la route du retour.

Les Gaulois n'avaient pas d'écriture

Dans la *Guerre des Gaules*, Jules César nous indique que les Gaulois parlent des langues différentes mais voisines les unes des autres. Pour eux, l'oral l'emporte sur l'écrit au point qu'ils refusent de confier les histoires de leurs dieux à un alphabet. Les Gaulois n'écrivaient donc pas leur langue. Un seul document a été retrouvé susceptible de nous aider à reconstituer cette langue perdue : le calendrier de Coligny. Sur cette plaque de bronze, un texte est écrit en alphabet latin. Mais la langue qu'il transcrit n'est pas du latin. C'est une langue inconnue de nous et non déchiffrée : le gaulois.

Jules César n'a jamais été empereur

Même si le nom de Jules César est indissociablement lié au titre d'empereur, il faut attendre le règne d'Auguste pour que Rome devienne réellement un empire. Jules César n'a jamais été empereur, il n'en a pas eu le temps. Il ne cachait pas son ambition de le devenir et avait posé tous les jalons de son ascension irrésistible. Mais c'est au moment où il montait les marches du sénat que plusieurs citoyens romains l'assaillirent et le transpercèrent de leurs lames. Ils n'avaient pas trouvé d'autre moyen pour l'empêcher d'exercer le pouvoir absolu. Parmi les assassins se trouvait Brutus, le fils de sa maîtresse, qu'il considérait comme le sien.

Octave et Auguste sont un seul et même personnage

Le premier empereur romain n'est autre que l'un des fils adoptifs de César : Octave. N'ayant pas d'enfants, le dictateur adopta son petit-neveu, comme c'était souvent le cas dans les grandes familles romaines. Conformément aux traditions, Octave ajouta le nom de son père à son propre nom, et bientôt également ses titres politiques et militaires. Très ambitieux, le jeune homme se fit décerner par le sénat le titre d'*augustus*, c'est-à-dire « sacré ». Octave devint alors Auguste, empereur divinisé.

Les Romains faisaient du commerce avec les Chinois

La route de la soie existe depuis l'Antiquité, comme l'attestent des traces archéologiques. Des monnaies de l'Empire romain sont présentes sur une grande partie du parcours à travers le continent asiatique, preuve que des marchands faisaient le lien entre l'Italie et l'Extrême-Orient dès cette époque reculée. Les Romaines aimaient revêtir des vêtements de soie afin de montrer leur richesse. Or, le secret de la fabrication de la soie était si bien gardé par les Chinois (les « Sères ») que personne d'autre n'en produisait. Elle fut ainsi pendant longtemps l'étoffe la plus chère du monde. Cette marchandise coûtait si cher à l'Empire romain que les sénateurs finirent par en interdire l'achat.

Chine et Orient

La muraille de Chine est incomplète

Ce gigantesque ensemble de fortifications ponctué de petits fortins a été construit au IIIe siècle avant J.-C. pour défendre les agriculteurs chinois contre les invasions des barbares nomades venus des steppes de Mongolie. Ce sont 6 200 kilomètres de murs entrecoupés de tranchées assez profondes pour gêner un adversaire. Sur les terrains les plus montagneux, la crête des sommets remplace la muraille en formant une défense naturelle.

Les chiffres arabes sont indiens

C'est en Inde, avant même l'ère chrétienne, qu'ont été inventés les chiffres que nous utilisons aujourd'hui. Pourquoi, dans ce cas, nos chiffres ont-ils la réputation d'être arabes ? Parce que, comme bien souvent dans le domaine des sciences, les Arabes ont joué le rôle d'intermédiaires entre les inventeurs et la société européenne du Moyen Âge. Au VIIIe siècle après J.-C., alors que l'islam s'étendait sur une partie de l'Afrique et de l'Asie, les califes de Bagdad firent traduire les œuvres majeures des peuples sur lesquels ils régnaient. Parmi elles se trouvait l'œuvre de Brahmagupta, un mathématicien indien. Sa numération à dix chiffres était si ingénieuse que les marchands arabes l'adoptèrent immédiatement et la transmirent aux Italiens avec lesquels ils commerçaient. Les Arabes enrichirent le système en lui adjoignant le zéro.

Les récits de Marco Polo sont véridiques

Quand Marco Polo revint d'un voyage de dix-sept ans en Orient avec son père et son oncle, il commença à raconter ce qu'il avait vu. Très vite, ses concitoyens vénitiens le surnommèrent *Messire Milione*, parce que ses mensonges étaient réputés égaler en quantité ses richesses, tant ses récits sont invraisemblables. Pourtant, Marco Polo ne relatait que la vérité. Mais la Chine du XIVe siècle était tellement plus riche et organisée que l'Europe à la même époque que personne à Venise ne put croire à l'existence du papier-monnaie, à la puissance du Grand Khan et aux pagodes aux toits d'or. Le *Livre des merveilles* dans lequel les souvenirs de Marco Polo furent consignés ne sera considéré comme un témoignage fiable qu'à partir des grands voyages de Vasco de Gama et de Magellan, au XVIe siècle.

Le premier homme à faire le tour du monde était malais

En 1519, quand Magellan s'embarqua sur ordre du roi du Portugal pour vérifier que la Terre était ronde et trouver un chemin vers l'Orient et ses richesses, il prit soin d'emmener sur ses navires l'équipage adéquat. Des marins aguerris, mais aussi un esclave acheté aux marchands arabes et qui provenait d'une lointaine contrée proche de l'Inde, la Malaisie. Il supposait que ce serviteur pourrait lui servir d'interprète dans ses négociations avec les commerçants locaux. La flotte partit vers l'ouest, contourna l'Amérique du Sud et traversa l'océan Pacifique. Mais Magellan ne revit jamais le Portugal : il fut tué dans un combat près des Philippines. Les bateaux continuèrent leur route jusqu'à ce que, lors d'une escale, l'esclave malais entendît sa langue natale pour la première fois depuis des années. Cet homme, capturé dans sa jeunesse et emmené en Europe, était le premier à avoir fait le tour du monde, malgré lui.

La Chine a construit le plus grand canal du monde

Les Chinois l'appellent « le Grand Canal ». Il relie les anciennes capitales de l'empire du Milieu, de Pékin à Hangzhou, permettant ainsi des liaisons efficaces entre le nord et le sud de ce gigantesque pays. Il fut commencé au ve siècle avant J.-C. et achevé au xve siècle après J.-C. Sa longueur de plus de 1 700 kilomètres en fait le plus grand ouvrage navigable du monde construit de main d'homme. Il est le fruit du travail de centaines de milliers d'ouvriers et est toujours utilisé aujourd'hui.

Les sushis datent du xviie siècle

À l'origine, les Japonais mangeaient le poisson et jetaient le riz des sushis. Ils avaient découvert que l'acide produit par le riz fermenté était un excellent conservateur naturel des aliments. Pour garder pendant plusieurs mois le poisson, qui était la base de leur alimentation, ils alternaient donc, dans des jarres, des couches de riz et des couches de poisson. Puis ils se rendirent compte que l'adjonction de vinaigre accélérait la fermentation du riz. Mais le goût du riz vinaigré conjugué à celui du poisson leur parut délicieux. La recette du sushi était née !

L'abricot vient de Chine

L'abricot est un fruit exotique puisqu'il a été domestiqué par les Chinois du Nord il y a plus de quatre mille ans. C'est probablement par la route de la soie que ses noyaux sont arrivés jusqu'en Méditerranée où ils ont été acclimatés avec succès par les Romains. La cousine de l'abricot, la pêche, vient de la même région, tout comme de nombreuses autres plantes telles que le chrysanthème et la pivoine.

Certaines antiquités chinoises sont très récentes

Quand le tourisme s'est développé en Chine à la fin du XXe siècle, les Chinois, dont le sens commercial est aigu, ont compris le parti qu'ils pouvaient tirer du trafic des objets anciens auprès des amateurs d'art. Mais l'offre d'objets est bien inférieure à la demande. De plus, il est aujourd'hui facile de dater un objet grâce à la technique de la thermoluminescence. Les habiles artisans qui sculptent et qui peignent aussi bien que leurs ancêtres sacrifient une sculpture ou une tuile ancienne de temps en temps : ils mêlent un peu de cette poussière ancienne avec de l'argile récente. Avec cette pâte, ils fabriquent un objet rigoureusement moderne, dont la datation par thermoluminescence est de plusieurs siècles.

La Chine ancienne avait un ministère du Thé et des Chevaux

Le thé était autrefois un produit très apprécié et très recherché dans tout l'Orient. Les Chinois Han, installés sur le littoral de l'Extrême-Orient, furent les premiers à comprendre son intérêt et à le cultiver. Les feuilles de thé étaient alors considérées comme un aliment qu'on faisait bouillir pour cuisiner une sorte de soupe. Les nomades de Mongolie, qui ne cultivaient aucun légume, le considéraient comme un complément alimentaire de premier ordre : séché, pressé en briquettes, il pouvait se transporter facilement n'importe où. En y adjoignant des écorces d'agrumes séchées, on en faisait un plat délicieux et un appoint de vitamines. En échange de cette précieuse denrée, les nomades proposèrent au gouvernement chinois des chevaux, utiles pour les transports et pour la guerre. Ce commerce était si florissant qu'un ministère du Thé et des Chevaux fut créé au VIIe siècle.

Les monuments japonais ne sont pas d'époque

En Europe, nous distinguons les monuments réellement anciens des monuments reconstruits après un bombardement ou une catastrophe naturelle. Parfois même, les reconstructions ont été faites de manière à laisser apparentes les parties nouvelles par rapport aux parties anciennes. Ce n'est pas le cas au Japon. La plupart des monuments sont en bois. Ils ont subi de nombreuses dévastations telles qu'incendies ou tremblements de terre. Le bois s'est abîmé au fil des années. Si bien que les Japonais ont pris l'habitude d'entretenir ces bâtiments en entreprenant régulièrement des travaux de réfection. Dans le grand temple en bois de Nara, aucune partie ne date plus de l'origine de la construction. Cela n'empêche pas les Japonais de le considérer comme le plus ancien temple de l'archipel.

Religion

Jésus est un dieu hindou

La religion majoritaire en Inde est l'hindouisme. C'est une religion polythéiste qui comprend plusieurs milliers de dieux, même si certains sont plus vénérés que d'autres, comme Shiva ou Ganesh, le dieu à tête d'éléphant. Quand les missionnaires portugais débarquèrent sur les côtes de l'Inde au XVIe siècle en apportant avec eux le christianisme, les hindous eurent tôt fait d'assimiler Jésus au dieu Vishnou. Ce dernier serait apparu aux hommes sous dix formes différentes, dix avatars, dont le plus connu est Krishna. En tant que onzième avatar, Jésus pouvait venir enrichir la liste, sans préjudice pour cette religion plurimillénaire.

Victor Hugo est un dieu vietnamien

Au Vietnam existe une religion minoritaire fondée en 1919 et appelée caodaïsme. Elle conjugue divers aspects du christianisme avec des éléments de croyance bouddhistes : la réincarnation, le végétarisme et le respect d'autrui en sont les éléments essentiels. Les personnages révérés par les fidèles sont puisés aux sources européennes et orientales : Confucius, sage chinois, Bouddha, Jésus-Christ mais aussi l'écrivain français Victor Hugo et l'astronome Camille Flammarion. Lors de séances de spiritisme, les caodaïstes tentent d'entrer en contact avec eux.

L'Éthiopie est le plus vieux royaume chrétien

La légende fait de Ménélik, le fils de Salomon et de la reine de Saba, le premier empereur d'Éthiopie. En réalité, l'Éthiopie aurait été évangélisée au début du IVe siècle de notre ère. La mémoire de ce royaume perdure au Moyen Âge sous la forme de la légende du prêtre Jean dont le pays chrétien se serait trouvé au-delà des terres conquises par les musulmans. Quand, au XVIe siècle, les Portugais accostèrent sur le littoral éthiopien, quelle ne fut pas leur surprise de découvrir un royaume chrétien cerné par l'islam ! Le Christ y était représenté sous la forme d'un homme noir. Parmi les Rois mages, Balthazar serait une représentation du monarque éthiopien.

Il existe des juifs chinois

Marco Polo témoigne de la présence de communautés juives en Chine, à Kaifeng, depuis le IXe siècle. Ces marchands seraient arrivés par la route de la soie, faisant partie de la grande diaspora. Totalement coupés de leurs coreligionnaires européens, ils développèrent des rites particuliers. Aujourd'hui, ils sont moins nombreux que les musulmans chinois, reconnus comme une minorité par le gouvernement et vivant dans l'ouest de la Chine, en particulier à Xian où les mosquées ressemblent à des pagodes.

La reine d'Angleterre est le chef de son Église

S'il n'y a pas de religion officielle au Royaume-Uni, où la liberté de conscience est la règle, la reine est néanmoins le premier personnage de l'Église anglicane. Pour divorcer de sa première épouse Catherine d'Aragon, mais aussi pour se débarrasser de l'influence du pape sur la politique intérieure, le roi Henri VIII fonda cette nouvelle Église au XVIe siècle. Depuis lors, c'est le souverain qui nomme les évêques sur le sol britannique et particulièrement le premier d'entre eux, l'archevêque de Canterbury.

Le mouvement rasta est une religion

Le rastafarisme est né en Éthiopie. Le plus célèbre de ses adeptes n'était autre que Bob Marley. Le musicien jamaïcain a contribué à populariser cette religion parente du christianisme ainsi que ses principes : respect d'autrui dans sa différence, mode vestimentaire, cheveux non peignés, consommation de cannabis pour atteindre un état extatique. En se rapprochant d'une religion africaine, les rastas jamaïcains ont eu le sentiment de retrouver leurs racines précoloniales et d'effacer l'esclavagisme. En découvrant que l'homme noir était à l'origine d'une des plus anciennes religions du monde, ils ont aussi retrouvé leur place dans l'histoire.

Légendes et curiosités

L'Atlantide a existé

La légende de l'Atlantide, cette cité insulaire opulente qui aurait disparu en un jour et une nuit sous une gigantesque vague, se fonde sur des éléments historiques bien réels. Au XVIIe siècle avant J.-C., la grande île de Crète était un des royaumes les plus riches de Méditerranée. Alors que la civilisation minoenne y prospérait grâce au commerce maritime, la capitale, Cnossos, fut brusquement engloutie sous des cendres volcaniques. L'éruption du volcan Santorin, situé à 150 kilomètres de la Crète, provoqua des nuées ardentes et un raz-de-marée si puissants qu'il fit disparaître le royaume de Minos et ravagea la Crète, entrée dans la légende sous le nom d'Atlantide.

Les licornes existent et les pierres brûlent

Les contemporains de Marco Polo n'ont pu croire la plus grande partie des faits racontés dans le *Livre des merveilles* qu'il a dicté à son retour d'Asie. L'auteur y décrit toutes sortes de fables plus étonnantes les unes que les autres. Il parle d'une chasse à la licorne lors de laquelle il aurait emmené avec lui une princesse chinoise vierge censée dompter le dangereux animal. Le monstre lui parut extrêmement laid et possédait une peau plus dure qu'une armure. Il s'agissait en fait d'un... rhinocéros. Et quand il évoque les pierres qui, en brûlant, permettent de chauffer la plupart des maisons de la Chine du Nord, c'est le charbon de terre qui suscite son étonnement. En effet, ce combustible était encore inconnu dans l'Europe du XIVe siècle.

Les Hongrois parlent une langue voisine du finnois

Il existe trois grandes familles de langues en Europe : latines, germaniques et slaves. Toutes appartiennent au groupe commun des langues indo-européennes. Deux exceptions notables intriguent pourtant les linguistes : le hongrois, parlé par à peine 10 millions de locuteurs, et le finnois, par 5 millions seulement, n'ont aucun rapport avec les autres langues européennes. En revanche, ces deux langages présentent quelques similitudes entre eux, alors que la Hongrie et la Finlande n'ont aucune frontière commune. C'est le groupe des langues « finno-ougriennes », auquel le basque est parfois également rattaché.

Il y a des amazones en Amérique

Quand les explorateurs européens commencèrent à remonter l'Amazone pour découvrir l'intérieur de l'Amérique du Sud, ils croisèrent dans l'embouchure du fleuve, large de plus de 100 kilomètres, des troupeaux de créatures étranges. Pourvues de mamelles, celles-ci émettaient un chant aigu. Elles nageaient aussi à merveille. Les aventuriers furent persuadés d'avoir découvert des tribus d'amazones, ces farouches guerrières décrites par les auteurs grecs de l'Antiquité. Ils donnèrent leur nom au fleuve et à la région qu'ils traversaient sans se rendre compte qu'ils venaient d'apercevoir une espèce de mammifère marin tout à fait inoffensif : des lamantins.

À l'origine existait un seul continent

Les continents actuels n'ont pas toujours présenté les mêmes contours. En 1912, alors que l'exploration du globe touchait à sa fin et que l'on disposait enfin d'une carte du monde dans son intégralité, un astronome allemand, Wegener, posa l'hypothèse d'un continent originel unique. Pour lui, les terres bougeaient sur l'écorce terrestre, se heurtaient et se fractionnaient au gré de la dérive des continents. Il nomma « Pangée » le continent des origines, la terre qui aurait donné naissance à nos continents d'aujourd'hui après s'être cassée en plusieurs morceaux. La science géologique et celle des fossiles ont confirmé son hypothèse : la carte des continents se modifie en permanence même si la lenteur du phénomène ne permet pas de l'observer à l'échelle d'une vie humaine.

Le marathon faisait 40 kilomètres

L'épreuve de course à pied connue sous le nom de « marathon » a été inventée pour les premiers Jeux olympiques modernes, en 1896. Elle était censée commémorer l'exploit accompli par le messager grec qui parcourut en courant, en 490 avant notre ère, la distance entre la ville de Marathon et Athènes pour informer les citoyens de la victoire contre les Perses. Cette distance fut estimée à 40 kilomètres. Mais, en 1908, lors des Jeux olympiques de Londres, la famille royale britannique souhaita que la course partît du château de Windsor, allongeant le parcours de 2,195 kilomètres. C'est finalement la distance qui fut officiellement retenue : 42,195 kilomètres. Certains marathoniens crient d'ailleurs « Vive la reine ! » au quarantième kilomètre en maudissant les Anglais pour ce surcroît d'effort.

Les climats changent

Le réchauffement actuel de la planète n'est que le dernier épisode en date d'une longue série de baisses et d'augmentations de la température à la surface de la Terre. En fouillant les terrains de l'Europe tempérée, on trouve aujourd'hui des ossements de mammouths et de rennes qui prouvent que nos régions furent soumises à un climat glaciaire dans le passé. En étudiant la date de début des vendanges depuis le Moyen Âge, on s'aperçoit également que la France fut soumise à de petits « âges glaciaires » sous Louis XIV et au XIXe siècle. Les climats ne sont pas fixes, ils sont une donnée variable de notre environnement naturel.

Le niveau des océans est variable

Pendant les périodes froides, une partie des fleuves s'est solidifiée sur les continents sous forme de glace. L'eau arrivant dans les océans étant moins abondante, le niveau général des mers a donc baissé. Si la Manche est aujourd'hui un bras de mer qui sépare l'Angleterre de la France, elle fut autrefois une simple rivière et l'on pouvait passer à la nage du Bassin parisien au Bassin londonien. C'est le même phénomène qui a permis le peuplement du continent américain par des Asiatiques treize mille ans avant J.-C. À l'époque, il était possible de traverser le détroit de Béring à pied sec.

Se vêtir de rouge a longtemps été interdit aux plus pauvres

Dans le passé, les vêtements teintés de rouge, pourpre ou écarlate étaient réservés aux personnages importants comme les sénateurs de la Rome antique ou les cardinaux à partir du Moyen Âge. Exceptionnellement, les mariées pouvaient arborer cette couleur le jour de leurs noces. Les armoiries des seigneurs ne pouvaient comporter de pourpre que dans les familles princières ou sur autorisation expresse du souverain. La Légion d'honneur inventée par Napoléon en 1802 s'accroche avec un ruban rouge, et l'on déroule le tapis rouge à celui à qui on veut fait honneur.

Moyen Âge

Charlemagne n'a pas inventé l'école

Quasiment analphabète, Charlemagne avait des scribes à son service pour déchiffrer les lettres que lui envoyaient les souverains étrangers et pour rédiger ses réponses. Conscient de cette faiblesse, il s'entoura de nombreux personnages d'Église et ouvrit une académie à l'intérieur de son palais d'Aix-la-Chapelle. Les savants les plus célèbres venaient y confronter leurs idées lors de joutes oratoires qui se déroulaient souvent dans la piscine thermale du palais. Sa cour devint l'une des plus éclairées de l'époque, et Charlemagne y gagna la réputation d'ami des arts et des lettres, lui qui avait conquis l'Europe à la pointe de l'épée.

Les noms de famille sont apparus au Xe siècle

Dans les groupes humains peu nombreux, chaque personne est désignée par un seul nom. En Islande, où la population totale avoisine les 300 000 habitants, on est X fils de son père ou Y fille de sa mère. Mais plus les hommes sont nombreux, plus le nombre d'homonymes augmente. Si bien qu'au xe siècle les Européens firent de plus en plus souvent figurer un surnom à côté de leur prénom : Alain Le Riche ou Mathilde Beauvisage... Peu à peu, ce surnom devint héréditaire, même si son orthographe restait flottante pour les plus pauvres, qui n'avaient jamais l'occasion de l'écrire. En 1539, par l'ordonnance de Villers-Cotterêts, François Ier rendit obligatoire la tenue de registres d'état civil par les prêtres. Dès lors, les noms de famille furent fixés par écrit à la naissance.

Les églises « gothiques » le sont depuis le XVIe siècle seulement

Le style des grandes cathédrales était appelé « art français » par les contemporains car il était né en Île-de-France. À Notre-Dame de Paris, à Reims, à Amiens, on était fier des prouesses architecturales réalisées. Les villes rivalisaient en construisant des voûtes d'ogives de plus en plus hautes. Mais, au début de la Renaissance, on commença à trouver ce style lourd et maniéré, trop éloigné des critères de beauté de l'Antiquité classique. C'est alors qu'avec dédain on qualifia ces églises de « gothiques », du nom des Goths, peuple barbare n'ayant pas brillé par son génie architectural.

Saint Louis ne jugeait pas sous son chêne

S'il se rendait volontiers à Vincennes, le bon roi Saint Louis n'assistait qu'occasionnellement aux jugements rendus par ses grands officiers. En revanche, nous lui devons l'obligation de fournir des preuves de la culpabilité d'un accusé. Auparavant, pour déterminer si un homme était coupable, le juge le soumettait au « jugement de Dieu » : l'accusé pouvait affronter son accusateur en duel. Le perdant était désigné comme coupable puisque Dieu ne pouvait laisser mourir un innocent. Les pauvres diables qui ne maniaient pas l'épée étaient brûlés au fer rouge. Si la plaie cicatrisait, la preuve était faite qu'ils avaient été accusés à tort. En abolissant cette justice surnaturelle, Saint Louis acquit une réputation de Salomon des temps modernes.

Des chrétiens ont été victimes des croisés

La croisade lancée au XIe siècle avait pour but de reconquérir les Lieux saints de Jérusalem, passés sous domination musulmane. Les chevaliers firent coudre une grande croix rouge sur leurs chasubles, d'où leur nom de « croisés ». Mais les chrétiens ne parvinrent pas à chasser les musulmans du Proche-Orient. Tout juste certains d'entre eux réussirent-ils à s'installer durablement dans une ville ou une région de Palestine. Les croisades se multiplièrent, entraînant toutes sortes d'aventuriers persuadés de faire fortune en Orient. En 1204, la quatrième croisade devait passer par Constantinople, ville chrétienne gouvernée par l'empereur byzantin. Des Vénitiens assuraient le transport des combattants par bateau pour un tarif très élevé. Quand les croisés constatèrent la richesse de la métropole qui les accueillait, ils décidèrent de ne pas aller plus loin : Constantinople fut mise au pillage, et les croisés rentrèrent chez eux couverts d'or. Ils emportèrent aussi dans leurs bagages quelques reliques volées dans les églises orthodoxes.

La Normandie est peuplée de Vikings

Les Vikings furent pendant quelques dizaines d'années l'un des fléaux les plus redoutés des populations françaises : leurs drakkars venus du Nord remontaient les fleuves, et les hommes s'attaquaient aux villes, pillant, violant et tuant les habitants. Ni le roi de France ni les seigneurs locaux ne parvenaient à arrêter leurs terribles raids. Si bien que le roi finit par offrir à leur chef, Rollon, de le faire duc de la région qu'ils terrorisaient le plus, à l'embouchure de la Seine. En 911, Rollon accepta d'être vassal du roi de France et devint duc de la contrée des hommes du Nord, la « Nord-mandie ».

On chassait la baleine dans la Manche

Au IXe siècle, les baleines venaient nager dans la Manche et la mer du Nord, puisqu'il existe des témoignages de pêche à la baleine à cette époque. Basques, Normands et Bretons étaient les spécialistes de cette chasse qui procurait de la viande et surtout de la graisse en grande quantité. Pourchassés, les cétacés s'éloignèrent de plus en plus des côtes européennes pour se réfugier dans les mers froides. Une femelle ne donnant naissance qu'à un baleineau par an, le nombre de baleines a rapidement décrû.

Le mariage est devenu un sacrement pour protéger les femmes

Chez les catholiques, contrairement aux protestants, le mariage est un des sept sacrements. C'est une manière de sacraliser et de consolider l'engagement mutuel du couple. En se jurant fidélité devant Dieu, les époux prennent une décision solennelle et irrévocable. L'Église catholique a sacralisé cet engagement au Moyen Âge pour endiguer le nombre important de grossesses illégitimes. En épousant une femme et en lui faisant un enfant, l'homme prêtait désormais serment devant Dieu de s'occuper de sa famille.

Un Allemand a été roi de Sicile

Par le jeu des héritages, c'est à un membre de la famille allemande de Hohenstaufen que revint la couronne de roi de Sicile dès 1197 : Frédéric II. Sa mère, Constance, était la fille du roi de Sicile. Empereur d'Allemagne par son père, Frédéric II était plus méditerranéen que germanique. Sauvé à sa naissance par l'intervention de médecins arabes, il parlait le latin, le grec, le sicilien, l'arabe, le normand et l'allemand. Il passa la plus grande partie de sa vie à Palerme, où il recevait des savants chrétiens et musulmans, et tenta à plusieurs reprises d'empêcher les croisades par la négociation.

Le Moyen Âge n'était pas sale

L'image négative que nous avons du Moyen Âge date principalement du XIXe siècle. Au moment de la découverte des microbes par Pasteur, la période du Moyen Âge est apparue comme une époque barbare et repoussante. Les hommes devaient être sales, comme semblaient le prouver les grandes épidémies qui touchèrent alors l'Europe. En réalité, si les habitants des villes et des campagnes ne portaient pas de sous-vêtements, ils n'en étaient pas moins attachés à la propreté : en ville existaient des étuves, sortes de bains de vapeur publics. C'est au XVIe siècle, lors des guerres de religion entre catholiques et protestants, que les étuves furent fermées : chaque camp accusait l'autre d'en faire des lieux de débauche. Quant à la propagation des maladies, elle était due à la méconnaissance de leur mode de transmission par les microbes.

Les pouvoirs du roi d'Angleterre ont été limités dès 1215

Jean sans Terre est le roi d'Angleterre dont la réputation est la plus détestable : il a voulu usurper la couronne de son frère, Richard Cœur de Lion, parti pour la croisade. Mais il fut surtout le souverain britannique qui fit perdre à la Couronne une grande partie de ses prérogatives. Devenu roi à la mort de Richard, Jean accepta de signer la Grande Charte en 1215. Par ce texte, il renonça à l'emprisonnement arbitraire de ses sujets : toute arrestation devait désormais être motivée, et l'accusé avait le droit de se défendre devant un juge. Jean accepta également le contrôle de la levée de l'impôt par un Grand Conseil indépendant. C'était le premier pas vers la limitation du pouvoir absolu des rois.

Norvège et Suède ont été l'une à l'autre

Dans le nord de l'Europe, les guerres pour contrôler l'entrée de la mer Baltique, les riches terres du sud de la Suède et les longues côtes poissonneuses de Norvège ont été âpres. Après avoir été un royaume puissant étendu jusqu'au Groenland et à l'Islande, la Norvège engloba le Danemark et la Suède par l'Union de Kalmar en 1397. Cette union ne comptait cependant qu'un nombre limité d'habitants du fait des conditions de vie très rudes et du climat froid. Quand la Suède reprit son indépendance en 1523, la Norvège se trouva peu à peu sous la coupe de fonctionnaires danois. Au XIXe siècle, la Norvège fut englobée à son tour dans la Suède et ne redevint un pays indépendant qu'en 1905, les deux pays restant alors séparés comme ils le sont encore aujourd'hui.

On combattait la peste avec du vinaigre

Nos ancêtres étaient effrayés par les grandes épidémies mais n'avaient aucune idée de leur mode de transmission. Au XIVe siècle, la grande peste noire ravagea l'Europe et fit disparaître presque la moitié de sa population. Beaucoup virent dans ce terrible fléau un châtiment divin : les hommes s'étaient si mal comportés que Dieu avait décidé de les condamner durement. Chacun ignorait encore que c'est la puce du rat qui, en piquant sa victime, lui inocule le bacille de la peste. Et, comme les rats grouillaient dans les rues et les maisons, personne ne prêtait attention à leur présence. Les médecins mirent au point des théories sur l'humeur malsaine des villes. Ils préconisèrent de désinfecter l'air en aspergeant les rues et les morts de vinaigre. Les citadins les plus fortunés se promenaient avec une fiole de vinaigre qu'ils respiraient de temps à autre pour se désinfecter les bronches. Sans aucun effet bien sûr.

Reines et femmes célèbres

La tsarine Catherine Ire était une ancienne esclave

Le vrai nom de la tsarine Catherine Ire, qui régna de 1725 à 1727 sur la Russie, est Marfa Skavronskaïa. Paysanne polonaise, elle fut emmenée en captivité par les soldats russes lors de la prise de sa ville, Marienburg. Habile manœuvrière, elle devint la maîtresse du prince Menchikov puis du tsar Pierre le Grand lui-même. En 1711, elle participa à la guerre contre les Turcs où le tsar fut fait prisonnier. Grâce à ses talents de négociatrice, Catherine fit libérer le tsar. Après lui avoir fait sept enfants, ce dernier l'avait épousée en secret en 1707. Pierre le Grand n'ayant pas désigné son successeur, Marfa, rebaptisée Catherine dans la religion orthodoxe, monta sur le trône de toutes les Russies avec l'aide de Menchikov.

Catherine de Médicis est la mère de trois rois de France

Venue d'Italie à 14 ans pour donner une descendance au futur roi de France, Catherine de Médicis remplit sa mission sans faillir : dix enfants naquirent de son union avec Henri II, même s'il fallut attendre dix ans pour que naisse le premier d'entre eux. Mais leur santé était fragile, comme c'était souvent le cas à l'époque. Deux jumelles mortes nées faillirent tuer Catherine. Finalement, la reine vit trois de ses fils monter sur le trône de France après la mort de son mari. Chacun mourut sans héritier légitime. L'une de ses filles devint reine d'Espagne, l'autre fut la reine Margot, première épouse d'Henri IV et la seule des enfants de Catherine à lui survivre.

Marie-Thérèse d'Autriche était espagnole

L'épouse légitime de Louis XIV, Marie-Thérèse, était la fille aînée du roi d'Espagne. Le mariage des deux héritiers devait sceller la réconciliation entre la France et l'Espagne. Blonde aux yeux bleus, Marie-Thérèse avait le type autrichien hérité de ses ancêtres germaniques : les Habsbourg. Pourtant, élevée à la cour de Madrid, elle ne parlait que le castillan et se pliait à toutes les traditions religieuses de l'Espagne quand elle arriva en France à l'âge de 22 ans. Son teint pâle avait été préservé du soleil méditerranéen par une vie de jeune fille cloîtrée au château de son père dans l'attente d'un beau mariage. Louis XIV fit créer pour elle un théâtre en espagnol et l'autorisa à consommer les spécialités culinaires de son pays, qui dégoûtaient pourtant les courtisans de Versailles.

The Virgin Queen n'était pas vierge

Élisabeth Ire d'Angleterre fut une des rares souveraines à refuser obstinément de se marier. Après avoir été promise à plusieurs rois d'Europe, elle se déroba systématiquement à tous les projets matrimoniaux. Elle savait qu'en se mariant elle perdrait le pouvoir qu'elle exerçait et devrait le remettre à son époux. Ses sujets la baptisèrent *the Virgin Queen*, la Reine vierge, et c'est en son honneur que l'explorateur Raleigh appela « Virginie » l'établissement qu'il fonda en Amérique du Nord. Pour autant, Élisabeth avait le sang chaud de son père Henri VIII, et on lui connaît de nombreuses aventures. Mais aucun de ses amants n'eut la chance de l'épouser et de devenir roi d'Angleterre.

La Grande Catherine n'était pas russe

Catherine II de Russie était considérée par ses contemporains non seulement comme le plus grand souverain russe après Pierre le Grand mais également comme un des plus grands personnages de son époque. Au siècle des Lumières, elle faisait figure de femme savante et éclairée. Pourtant, elle conquit le pouvoir par une suite d'intrigues et de meurtres. Originaire d'Allemagne, Catherine s'appelait de son vrai nom Sophie d'Anhalt-Zerbst. Son mariage avec le tsar de Russie était une perspective suffisamment enthousiasmante pour la faire changer de religion : de protestante, elle devint orthodoxe à l'âge de 15 ans. À 33 ans, elle fit assassiner son mari par son amant et monta seule sur le trône de toutes les Russies. Celle qui ne parlait pas un mot de russe à son arrivée à la cour de Saint-Pétersbourg deviendra rapidement la tsarine la plus populaire de l'histoire de son pays d'adoption.

Mme Récamier a épousé son père

C'est dans la tourmente révolutionnaire que se joua le destin de Mme Récamier, représentée allongée sur un siège dans un célèbre tableau de David. Son nom de jeune fille était Juliette Bernard. Sous la Révolution, le mari de sa mère était suspect aux yeux du régime. Mme Bernard décida alors de marier la jeune Juliette à son ancien amant, M. Récamier, qui était aussi son vrai père. Leur relation resta platonique, et Juliette finit par comprendre qu'on lui avait fait épouser son père biologique pour la protéger. Banquier, M. Récamier lui assura une vie confortable et lui permit d'animer un des salons littéraires les plus renommés de Paris. Elle y tomba amoureuse de Chateaubriand mais ne voulut jamais divorcer de celui qui avait été pour elle comme un second père.

Élisabeth II s'est engagée dans l'armée

Quand la Seconde Guerre mondiale éclata, la princesse Élisabeth était âgée de 13 ans. Trop jeune pour prendre part au conflit, elle remplit un rôle protocolaire en inspectant des troupes partant au combat. Mais, en 1944, la jeune fille avait désormais 18 ans. N'ayant pas froid aux yeux, elle décida de participer à l'effort de guerre de son pays en s'engageant comme mécanicienne et conductrice d'ambulance et de camion. Elle deviendra reine en succédant à son père en 1952.

La Joconde a longtemps été un tableau de seconde catégorie

Ce célébrissime portrait fut longtemps une obscure croûte des collections royales. Acheté par François Ier à Léonard de Vinci, dont il fut le protecteur, le tableau a acquis une première notoriété en passant dans les collections du Louvre en 1798, peu après la fondation du musée. Mais c'est surtout le vol dont elle a été victime en 1911 qui a contribué à la renommée internationale de Mona Lisa. Ce vol fut revendiqué par l'écrivain italien Gabriele D'Annunzio afin d'accroître sa renommée, alors qu'il n'était pour rien dans ce larcin. Enfin, en 1919, la moustache dessinée par le peintre provocateur Marcel Duchamp sur le visage de *La Joconde* contribua à la rendre encore plus populaire.

Sissi est morte assassinée

Après avoir été la charmante et fraîche jeune fille incarnée par Romy Schneider à l'écran, Élisabeth de Wittelsbach est devenue une épouse revêche, menant sa vie de façon indépendante de celle de son mari, l'empereur d'Autriche François-Joseph. À la fin de son existence, elle était atteinte de nombreux maux qui l'obligeaient à se rendre souvent dans diverses villes d'eaux européennes et au soleil de la Méditerranée. C'est finalement à Genève qu'elle fut assassinée par un anarchiste italien en 1898, à l'âge de 60 ans. Le meurtrier prétendit avoir agi ainsi pour accéder à la célébrité.

Rois et empereurs

Charles Quint a hérité de quatre couronnes

Charles V régna sur le plus grand empire de l'époque moderne, un empire « où le soleil ne se couchait jamais ». Il hérita de l'Espagne et de ses colonies d'Amérique par ses parents, de l'Autriche par son grand-père paternel, des Pays-Bas par sa grand-mère paternelle et de la Sicile par son grand-père maternel. Il était si riche que les électeurs allemands préférèrent sa candidature à celle de François Ier, roi de France, pour devenir empereur du Saint Empire romain germanique. Profondément croyant, il sacrifia toutes ses couronnes et abdiqua en faveur de son fils, Philippe II, en 1556, à 56 ans, pour finir sa vie dans un monastère. Philippe II ajouta la couronne du Portugal à celles que son père lui avait léguées.

François Ier était l'allié des musulmans

Contrairement à la tradition médiévale qui faisait des chrétiens et des musulmans des ennemis irréductibles, le roi de France, François Ier, noua un accord avec les Turcs de l'Empire ottoman en 1536. Tout à sa rivalité avec la famille de Habsbourg, qui régnait sur une grande partie de l'Europe et des Amériques, il s'allia ouvertement avec Soliman le Magnifique, dont la flotte pouvait l'aider en Méditerranée. Cette alliance fit scandale tant parmi les princes chrétiens que parmi les musulmans.

Henri III était homosexuel

Influencé par le goût italien, très en vogue à la Renaissance, le roi de France Henri III entendit faire du Louvre la plus élégante cour d'Europe. Il vouait une véritable passion aux étoffes précieuses et pouvait passer des heures en conversation avec son tailleur pour définir la forme et la couleur du vêtement qu'il porterait au prochain bal. Il conçut lui-même un pourpoint rose à broderies d'argent. Toujours coiffé avec recherche, soigné et parfumé, il ne supportait pas les odeurs fortes et imposait à ses chevaliers des règles d'hygiène tyranniques. Dans son entourage proche se pressaient ses « mignons », dont le plus célèbre fut le duc de Joyeuse. Louis XIII, à son tour, accordera sa préférence aux hommes et ne parviendra à donner un héritier au trône de France qu'après vingt-trois ans de mariage.

Louis XIV avait des dettes

Le plus puissant roi d'Europe au XVIIe siècle était aussi le plus pauvre à sa mort en 1715. Ruiné par la construction du château de Versailles, qu'admiraient tous les souverains contemporains, mais aussi par les guerres incessantes qu'il mena, Louis XIV dut faire fondre sa vaisselle d'or puis sa vaisselle d'argent pour subvenir à ses dépenses. Le roi en vint à faire lever les impôts par des particuliers nobles ou roturiers, les fermiers généraux, en garantie des prêts consentis à la Couronne. Le royaume de France s'appauvrit considérablement sous son règne.

Pierre le Grand voulait dérussifier la Russie

Le plus grand des tsars de Russie n'avait guère d'admiration pour sa culture d'origine. Dès son plus jeune âge, il entreprit incognito une série de voyages en Europe occidentale pour découvrir les secrets qui faisaient la force des Provinces-Unies ou de la France du XVIIe siècle. De retour dans son pays, il imposa aux grands seigneurs, les boyards, d'abandonner le costume russe traditionnel et de se couper la barbe. Désormais, ils devraient se vêtir à la française ou à l'allemande. Bien plus, il fit venir en Russie les meilleurs artisans italiens, allemands, néerlandais et français pour bâtir sa nouvelle capitale, Saint-Pétersbourg. Dans la plus européenne des villes russes, on dînera dans des restaurants français, on écoutera de la musique italienne et on verra passer des régiments organisés comme ceux des Prussiens.

Napoléon II a existé

Si seuls Napoléon Ier et Napoléon III ont régné sur la France, il a bien existé un Napoléon II. Ce fils de Napoléon Ier et de Marie-Louise était de santé fragile et mourut à l'âge de 21 ans. Il fut immortalisé dans une pièce d'Edmond Rostand intitulée *L'Aiglon*, en référence à l'oiseau symbolique du régime impérial. Il avait reçu les titres de roi de Rome et de duc de Reichstadt et vivait avec sa mère à la cour de Vienne.

Le prince Napoléon a été tué par les Zoulous

Louis Napoléon, fils de Napoléon III, aurait dû régner sous le nom de Napoléon IV. En 1879, à l'âge de 23 ans, il partit pour l'Afrique du Sud participer à la guerre entre Britanniques et Zoulous. Lors d'une mission de reconnaissance, il fut surpris par des combattants zoulous et mourut, le corps percé de dix-sept coups de lance. La dynastie Bonaparte perdait son dernier prétendant au trône impérial de France.

Les rois d'Angleterre sont français

En 1066, la bataille d'Hastings fut remportée par Guillaume le Conquérant. Par cette victoire, le duc de Normandie perdit son sobriquet de Guillaume le Bâtard et monta sur le trône d'Angleterre. Il est à l'origine de la dynastie des Plantagenêts. Avec lui, les grands seigneurs français traversèrent la Manche pour profiter du butin. Le nouveau roi leur distribua les richesses anglaises. La langue de cour devint le français : chaque objet avait un nom anglais et un nom français. Ainsi, les mots anglais *pig* et *sheep* étaient utilisés par les paysans tandis que la noblesse utilisait les mots français anglicisés *pork* et *mutton*. En 1714, la reine Anne mourait sans héritier. Ce fut alors un Allemand, lointain cousin de la reine défunte, qui monta sur le trône : George de Hanovre.

La dynastie suédoise descend d'un général de Napoléon

Le simple soldat Jean-Baptiste Bernadotte, fils d'un avocat, eut le destin étonnant de devenir roi. La Révolution française fit de lui un général aux côtés de Napoléon Bonaparte. Lors de la bataille de Lübeck, en 1806, il prit soin de protéger les prisonniers suédois contre les mauvais traitements. Nommé par Napoléon à la tête des villes de la Hanse, il refusa de se battre contre la Suède. Tombé en disgrâce auprès de Napoléon, il fut soudainement adopté par le roi de Suède, qui n'avait pas d'héritier et cherchait à protéger son pays. Il devint alors protestant et dirigea le royaume de Suède à partir de 1811 sous le nom de Charles XIV Jean.

Édouard VIII d'Angleterre a été exilé

Ce roi d'Angleterre, monté sur le trône en 1936, est le seul monarque britannique à avoir abdiqué. Son mariage avec Wallis Simpson, une Américaine deux fois divorcée, fut présenté comme incompatible avec la dignité royale. Surtout, ses sympathies pour le régime nazi et sa volonté d'exercer réellement le pouvoir le rendirent impopulaire dans son pays. Pour être sûr qu'il ne chercherait pas à reprendre son trône, le Parlement anglais lui confia la charge de gouverneur des Bahamas où il resta jusqu'à la fin de la Deuxième Guerre mondiale, avant de finir sa vie en France, en 1972, dans un exil doré.

Napoléon n'était pas si petit

On estime que l'empereur des Français mesurait 1,68 mètre. Ce qui correspond exactement à la taille moyenne des soldats volontaires en 1792, d'après les tables d'enrôlement. Napoléon Bonaparte n'était donc ni grand ni petit pour son époque. Sous l'Empire, la taille minimale pour effectuer le service militaire était de 1,62 mètre. La taille des populations européennes s'est accrue au fur et à mesure que s'améliorait la qualité de l'alimentation. On a d'ailleurs assisté à une régression de la taille moyenne pendant la Deuxième Guerre mondiale et après, la malnutrition ayant persisté pendant plus de cinq années.

Amérique

Christophe Colomb n'a pas découvert l'Amérique

Lorsqu'en 1492 Christophe Colomb accosta sur l'île de San Salvador des Bahamas, il était tellement persuadé d'avoir trouvé un chemin vers l'Inde et ses richesses qu'il appela les habitants de cette île « Indiens ». Son expédition avait pour but de trouver un chemin vers l'Asie en passant par l'ouest : la Terre étant ronde, en en faisant le tour, il devait logiquement trouver les côtes de la Chine et de l'Inde décrites par Marco Polo. Une seule chose le surprit : ses nouveaux amis indiens vivaient quasiment nus et dans un grand dénuement. Il n'observait ni pagodes aux toits d'or, ni bijoux ornés de pierreries, ni vêtements de soie. Colomb fit quatre grands voyages vers le Nouveau Monde. Pourtant, lorsqu'il mourut en 1506, il n'avait toujours pas compris qu'il venait de découvrir un nouveau continent.

Les Mayas n'ont pas disparu

Nous ne savons pas grand-chose des Mayas qui ont construit des villes et de gigantesques pyramides dans la jungle d'Amérique centrale. Leurs savants étaient férus d'astronomie et de mathématiques. Et puis brusquement, au xe siècle, leurs villes furent abandonnées, leurs palais progressivement recouverts d'une épaisse couche de lianes, et leur souvenir disparut. La civilisation maya n'a été redécouverte qu'au xixe siècle. Le peuple maya ne s'est pas évaporé pour autant. Les actuels habitants du Yucatán, au Mexique, et du nord du Guatemala parlent la langue de leurs ancêtres : le yucatèque. Mais ils ne savent plus déchiffrer l'écriture des textes anciens et ont perdu le souvenir de leur histoire.

Les Indiens sont des Asiatiques

Treize mille ans avant J.-C., alors que le niveau des mers était plus bas qu'aujourd'hui du fait des glaciations, de petits groupes humains entreprirent de passer d'Asie en Amérique. Ils purent passer à pied ou longer en bateau les côtes de part et d'autre du détroit de Béring.

Ces quelques foyers de peuplement pionniers essaimèrent progressivement sur l'ensemble du continent, se séparant en différentes tribus indiennes. Leur origine explique les pommettes hautes et les yeux légèrement bridés des Amérindiens, du nord au sud du continent.

Un escroc a donné son nom à l'Amérique

Alors que Christophe Colomb fut le premier à entreprendre la traversée de l'Atlantique, de nombreux aventuriers se lancèrent à sa suite. Parmi eux, l'Italien Amerigo Vespucci accosta sur les rivages de la Guyane. Il eut l'intuition qu'il s'agissait non pas d'une île mais d'un continent tout entier. Il explora la côte, où l'on trouvait alors des perles, puis regagna l'Europe avec son butin. C'est alors qu'en 1506 il fit publier un texte où il racontait son voyage. Le public européen le prit pour un découvreur et attribua au nouveau continent le nom d'« Amérique » l'année même de la mort de Christophe Colomb.

Les États-Unis n'ont pas été conquis sur les Indiens

Les guerres indiennes ne sont qu'une maigre partie de l'histoire de la formation des États-Unis. La conquête a surtout mis aux prises les grandes puissances européennes pour le contrôle de ce territoire grand comme dix-huit fois la France. Français, Hollandais, Anglais et Espagnols se sont affrontés pour dominer le Nouveau Monde. L'Amérique latine, qui était possession espagnole depuis sa découverte, remontait jusqu'au Mississippi : le Texas, le Nouveau-Mexique, la Floride et la Californie étaient peuplés d'Espagnols au XIXe siècle. Quand les colons britanniques eurent chassé les Hollandais de New York (dont le nom était alors La Nouvelle-Amsterdam) puis les Français de Louisiane (dont le nom rend hommage à Louis XIV), ils cherchèrent à s'étendre vers le sud et vers l'ouest au détriment des Espagnols. Cette conquête s'acheva vers 1850.

Le thaler a donné son nom au dollar

Quand les Espagnols conquirent l'Amérique du Sud, ils y importèrent leur monnaie : le thaler.

D'origine autrichienne, cette unité s'était répandue dans l'empire des Habsbourg, qui régnaient à la fois sur l'Autriche, l'Espagne et leurs colonies. La prononciation latino-américaine déforma le mot qui devint progressivement *dolar*. Toute monnaie fut dès lors désignée par le mot « dollar », adopté par la jeune République américaine peu après son indépendance. Depuis, la puissance commerciale des États-Unis a donné un prestige tel à leur monnaie que de nombreux pays se sont dotés de leurs propres dollars, comme le Canada, l'Australie ou les Bahamas.

La pomme de terre vient d'Amérique

Comme la tomate ou le maïs, désormais bien acclimatées en Europe, la pomme de terre était à l'origine un légume américain. Cultivée dans les Andes par les Indiens précolombiens, elle ne suscita pas immédiatement l'intérêt des Européens. C'est Antoine Parmentier, un pharmacien picard, qui dévoila sa valeur nutritive au XVIIIe siècle. La pomme de terre pousse facilement, même dans les sols les plus ingrats, et fournit des rendements exceptionnels. Dès lors, elle fut digne de nourrir des humains et non plus seulement les porcs, comme cela avait longtemps été le cas. Sa culture se répandit dans le monde entier pour lutter contre la famine et la disette.

Quatre présidents américains sont décédés de mort violente

Plusieurs présidents américains sont morts assassinés : Kennedy, en 1963, après avoir opéré un rapprochement avec l'URSS en pleine guerre froide, McKinley, abattu par un anarchiste, Lincoln, qui a aboli l'esclavage, Garfield, dont le mandat ne dura que six mois.

Le soja cultivé aux États-Unis vient de France

Au moment de la Deuxième Guerre mondiale, les ingénieurs agronomes français étaient très inquiets de ce qu'allaient devenir leurs recherches. Leurs expériences en cours ne devaient ni être détruites par les bombardements, ni être saisies par les Allemands. Dès le début des hostilités, ils envoyèrent donc aux États-Unis tout le matériel agronomique dont ils disposaient afin de préserver l'avancement de leur travail. Parmi les plants se trouvait du soja prélevé en Indochine française et amélioré par croisements dans les laboratoires français. Les autorités américaines mirent ce soja en culture avec succès... et le réexportèrent vers l'Europe. Aujourd'hui, les États-Unis sont le premier producteur de soja au monde.

Expressions historiques et noms de personnages

Aller à Canossa

Les papes et les empereurs de Germanie ont longtemps été adversaires : le souverain pontife prétendait l'emporter en supériorité du fait qu'il était à la fois chef politique et chef religieux. L'empereur reconnaissait la prééminence religieuse mais refusait de se soumettre aux injonctions politiques. Cette lutte culmina entre l'empereur Henri IV et le pape Grégoire VII. Finalement, le pape remporta la victoire en 1077 quand il obligea l'empereur à venir s'agenouiller devant lui pour que fût annulée son excommunication. La scène se déroula au château de Canossa, petit village d'Italie. « Aller à Canossa » signifie accepter une humiliation publique.

La Chambre introuvable

Après la défaite de Napoléon à Waterloo, Louis XVIII, frère de Louis XVI, remonta sur le trône de France : c'était le début de la Restauration. Mais il n'était pas question de remettre en place une monarchie absolue. Les Français ne l'auraient pas accepté. Il fallait faire élire une Chambre de députés favorable au retour de la monarchie. Louis XVIII était très inquiet de ces élections. Contre toute attente, les électeurs envoyèrent siéger une majorité d'ultraroyalistes : la « Chambre introuvable ». Mais la bonne surprise se transforma vite en cauchemar pour le roi car les députés trouvaient le souverain trop tiède. Si bien que Louis XVIII décida de dissoudre la Chambre après seulement une année d'exercice. Une « Chambre introuvable » comporte une majorité de députés inespérée pour celui qui gouverne.

Jouer les Cassandre

Cassandre est une princesse de la mythologie grecque qui joua un rôle important dans la guerre de Troie. Amoureux d'elle, le dieu Apollon lui offrit le don de voir l'avenir. Mais au lieu de se donner, Cassandre se refusa à lui, si bien qu'il la condamna à ne jamais être crue. La pauvre princesse annonçait les malheurs à venir sans jamais parvenir à convaincre son auditoire. Chacun la prenait pour une folle. Elle prédit la guerre entre Grecs et Troyens et la ruse du cheval de Troie. « Jouer les Cassandre », c'est annoncer de mauvaises nouvelles.

Le jugement de Salomon

Salomon, un des plus fameux rois de l'Ancien Testament, était réputé pour son extrême sagesse et pour son équité. Un jour qu'il rendait la justice, deux femmes se présentèrent devant lui : chacune prétendait être la mère du même nourrisson. Salomon proposa de couper l'enfant en deux pour que chaque femme en ait une moitié. L'une accepta, l'autre préféra renoncer à l'enfant. C'est bien sûr la seconde que Salomon identifia comme la vraie mère. Son stratagème lui avait permis de faire jaillir la vérité.

C'est reparti comme en 40

Trois conflits franco-allemands en moins d'un siècle ont rendu les Français fatalistes. La défaite de 1870 puis la victoire de 1918 n'ont pas suffi à éloigner le spectre de la guerre puisqu'en 1939 la mobilisation générale fut à nouveau décrétée, menant à la campagne de France en 1940. La scène des soldats chargeant leur barda sur leur dos est devenue familière aux populations. L'histoire est un éternel recommencement que résume l'expression « C'est reparti comme en 40 ».

Poubelle

C'est pour améliorer la situation d'hygiène déplorable des rues de Paris que le préfet de la Seine, Eugène Poubelle, obligea en 1884 les propriétaires d'immeubles à mettre à la disposition de leurs locataires un récipient destiné à recevoir les détritus : la « boîte Poubelle », le ramassage des ordures étant assuré par la municipalité. Mais les habitudes anciennes perdurèrent, et il fallut plusieurs années aux Parisiens pour renoncer à jeter leurs déchets par les fenêtres de leur logement.

Appert

Nicolas Appert, confiseur d'origine champenoise, mit au point le système des conserves alimentaires, également appelé « appertisation », dès 1795. Cette invention révolutionna la vie des ménagères en leur permettant de conserver plus longtemps les aliments mais aussi celle des soldats, qui purent emporter une partie de leur nourriture avec eux. Elle améliora la santé des populations en rendant plus accessible la consommation de viande et de poisson, denrées riches en protéines. Elle modifia l'économie de régions entières par l'apparition de conserveries dans les zones portuaires et dans les pays producteurs de fruits et légumes.

Daguerre

Le daguerréotype est l'ancêtre de la photographie. Née en 1837, cette invention fit rapidement concurrence, parmi les riches familles, aux peintres spécialisés dans le portrait. On pouvait désormais disposer d'une image de soi très fidèle et réaliste sans avoir à poser pendant de longues séances. Quand la technique se simplifia, le procédé se démocratisa, permettant même aux plus pauvres d'avoir leur propre portrait. Beaucoup d'entre eux ne s'étaient que rarement vus, les miroirs étant exceptionnels. Certains quittaient la boutique du photographe avec l'image de quelqu'un d'autre, persuadés qu'il s'agissait d'eux-mêmes !

Frères Montgolfier

Voler dans les airs comme un oiseau : tel est le rêve des hommes depuis Icare. Léonard de Vinci dessina des machines volantes, qui ne volèrent jamais. Et, finalement, c'est dans la nacelle d'un énorme ballon fait de toile de coton et gonflé d'air chaud que les frères Joseph et Étienne Montgolfier firent voler un mouton, un canard et un coq au-dessus de Paris, en 1783. Un mois plus tard, deux gentilshommes volontaires acceptèrent de monter dans la nacelle, même si le roi aurait préféré y mettre des condamnés à mort. Pour la première fois, des humains s'élevèrent dans les airs à 1 000 mètres d'altitude. Mais il faudra attendre encore cent sept ans pour que Clément Ader réalise le premier vol en avion (à 20 centimètres du sol !) sur 50 mètres.

Guillotin

Le docteur Joseph Guillotin proposa cette machine, déjà utilisée outre-Rhin, aux parlementaires de la Révolution française en 1789 : grâce à la guillotine, les condamnés à mort ne souffriraient plus lors de l'exécution de la sentence. Sous l'Ancien Régime, avant que la mort par décapitation mécanique ne devînt légale, les condamnés étaient le plus souvent soumis à des supplices effroyables tels que l'écartèlement ou le bûcher. Quand ils adoptèrent la guillotine, les révolutionnaires décidèrent également d'abolir la « question préparatoire », c'est-à-dire la torture lors des interrogatoires.

Watt

James Watt est l'inventeur écossais de la machine à vapeur, qui marqua le début de la révolution industrielle. Technicien de talent, il était aussi un homme d'affaires avisé : il déposa quantité de brevets de machines inventées par lui ou ses employés, ce qui lui permit de faire fortune. Son nom a été donné à l'unité de mesure de la puissance. Sa machine à vapeur, en effet, ne produisait rien d'autre que de l'énergie, permettant de remplacer la force animale ou humaine par celle de la vapeur d'eau canalisée.

Lynch

Le lynchage doit son nom à un juge américain : William Lynch. Pendant la guerre d'Indépendance contre les Britanniques, Lynch décida de régler sommairement les affaires judiciaires de la ville : les accusés favorables aux Anglais n'avaient pas droit à un procès équitable, ils étaient exécutés sur-le-champ. Son système fut adopté ensuite par les Blancs qui organisèrent régulièrement le lynchage de citoyens noirs dans les États du sud des États-Unis.

Diesel

Les moteurs de camion portent le nom d'un ingénieur allemand, qui fut bien plus qu'un mécanicien. Considérant que la machine à vapeur était peu pratique à bord d'une automobile, il conçut en 1893 un moteur de petite taille fonctionnant avec un carburant nouveau : l'huile issue du pétrole. Il comprit rapidement que son moteur pouvait fonctionner avec un carburant encore plus courant : les huiles végétales. Le moteur diesel équipa des automobiles à partir des années 1930, alors que Rudolf Diesel était mort depuis longtemps.

Macadam

John McAdam était en charge des routes écossaises au XVIIIe siècle. Dans cette région pluvieuse et boueuse, il eut l'idée de construire des routes légèrement surélevées recouvertes d'un nouveau type de revêtement : plusieurs couches de gravier empilées, du diamètre le plus gros au diamètre le plus fin. Ainsi, les grains les plus fins viennent progressivement remplir les places laissées vides par les pierres les plus grosses. L'eau ruisselle en surface et s'écoule ensuite vers le bas, sur les côtés. Le procédé était si ingénieux qu'il gagna bientôt la France puis le reste de l'Europe.

Godillot

Ces chaussures militaires à tige montante ont pris le nom de leur fabricant, Alexis Godillot. Entrepreneur dynamique et proche du pouvoir, celui-ci fit fortune dans la fourniture de matériel à l'armée française au XIXe siècle : tentes, manteaux et chaussures. Ses brodequins, résistant à toute épreuve et servant le combattant sans défaillir, ont donné leur nom, par extension, aux parlementaires qui obéissent sans se poser de questions : les députés « godillots ».

Pantalon

Ce vêtement était porté par un personnage de la comédie italienne, très à la mode à Paris vers 1650. Il remplaça progressivement les « chausses », sortes de jambes de tissu, attachées à la « culotte » par des liens, le bouton ne devenant d'usage courant qu'au cours du XVIIIe siècle. Le pantalon fut adopté sous la Révolution française comme insigne politique par les « sans-culottes », qui se distinguaient ainsi des nobles portant une culotte s'arrêtant au genou sur des bas blancs. Quant à notre culotte portée en sous-vêtement, elle ne fit son apparition qu'au XIXe siècle : auparavant, on était nu sous son pantalon.

Acariâtre

C'est un évêque, Achorius, qui a donné naissance à cet adjectif. Ce saint homme aurait vécu au VIIe siècle à Noyon, en Picardie, et aurait eu le pouvoir de guérir la folie. Par contagion, on qualifia ses patients atteints de troubles du comportement d'« acariâtres », en mêlant le nom de l'évêque avec l'adjectif *acer*, qui signifie « aigre » en latin. Le mot finit par désigner ceux dont le caractère est désagréable, hargneux et asocial.

Silhouette

Étienne de Silhouette fut un éphémère ministre des Finances de Louis XV. Nommé et renvoyé en 1759 alors qu'il tentait de prendre des mesures fiscales très impopulaires, on ne fit qu'entrapercevoir son profil auprès du roi. Car déjà, sous la monarchie, le chef de l'État s'entourait de ministres qui servaient de fusibles en cas de difficulté. Malgré son titre de monarque absolu, Louis XIV lui-même ne prenait pas de décision importante sans consulter ses fidèles ministres, Colbert, Vauban ou Louvois. Les rois étaient tout à la fois conscients de leurs propres limites et assez prudents pour faire endosser certaines de leurs erreurs par d'autres personnes.

Afrique et mondes lointains

Le Sahara n'a pas toujours été un désert

Il y a huit mille ans, des éléphants et des girafes peuplaient les savanes de hautes herbes du Sahara. À l'époque, cette région n'était pas désertique. La preuve en a été fournie par des dessins retrouvés dans le Fezzan et le Tassili. Sur les parois de grottes alors habitées, l'homme a dessiné son environnement. La chasse y figure en bonne place, détaillant des espèces animales qui sont aujourd'hui parties vivre loin de la sécheresse. Des pollens fossilisés de cèdres et de tilleuls viennent confirmer cette découverte.

Les musulmans étaient plus tolérants que les chrétiens

Au Moyen Âge, dans les royaumes musulmans, les juifs et les chrétiens étaient tolérés par les autorités. Ils devaient se vêtir de couleurs vives, de manière à être distingués du reste de la population. Le versement d'un impôt spécial leur permettait d'exercer leur religion librement. Si bien que les conversions n'étaient guère encouragées : en devenant musulmans, les infidèles cessaient de payer l'impôt et de remplir les caisses de l'État.

La Nouvelle-Calédonie a été peuplée par des proscrits

Colonie française depuis 1853, la Nouvelle-Calédonie a joué pour la France le même rôle que l'Australie pour l'Angleterre. Cette terre peu peuplée est devenue la destination des proscrits que le gouvernement cherchait à éloigner du territoire métropolitain, au lendemain de la révolution manquée de la Commune de Paris, en 1871. Environ 4000 prisonniers politiques furent envoyés en Océanie. Parmi eux, Louise Michel, ancienne institutrice, apprit à lire aux Calédoniens. Amnistiés en 1880, certains revinrent en France, d'autres restèrent en Nouvelle-Calédonie où ils firent souche.

Le Liberia a été créé pour les anciens esclaves américains

Ce pays africain frontalier de la Côte d'Ivoire et de la Guinée a été créé en 1822 à l'initiative de groupes philanthropiques des États-Unis : leur but était de donner aux anciens esclaves affranchis une terre sur le continent de leurs ancêtres, afin qu'ils y deviennent des hommes libres, d'où le nom de Liberia. C'était compter sans le fait que cette contrée était déjà peuplée et que les Noirs américains, riches d'un petit pécule et sachant lire et écrire, seraient mal accueillis par les habitants. Une ligne d'opposition se traça alors dans le pays entre les uns et les autres, jusqu'à la récente guerre civile.

Les Océaniens ont traversé le Pacifique en pirogue

Les îles du Pacifique sont peuplées depuis plus de dix mille ans. Leurs habitants sont venus du continent asiatique surpeuplé, dans l'espoir de trouver des terres vierges où s'installer. Pour traverser les immenses étendues maritimes qui séparent la Polynésie et la Micronésie de l'Asie, ils ont embarqué sur des pirogues pouvant mesurer jusqu'à 10 mètres de long, avec leur famille, quelques animaux domestiques et probablement une réserve d'eau douce. Installés dans les îles les plus proches, ils ont ensuite essaimé de plus en plus loin vers l'est.

L'Arctique n'existe pas

Au pôle Nord de la planète Terre se trouve une énorme calotte glaciaire d'une étendue de plus de 5 millions de km^2. Mais ce gigantesque iceberg ne repose sur aucun continent : il s'agit juste d'un bloc de glace flottant et dérivant sur l'océan dans les limites du cercle polaire de l'hémisphère Nord. Si la fonte des glaces continue, le pôle Nord disparaîtra totalement, compromettant l'équilibre climatique de la planète.

L'Antarctique n'appartient à personne

Si sept États – dont la France en terre Adélie – ont des prétentions territoriales sur le continent antarctique, la neutralisation des intérêts économiques dans cette partie du monde l'a rendu peu attractif. Par le traité sur l'Antarctique signé en 1959, la communauté internationale a pris la décision d'interdire l'exploitation du continent et d'y empêcher toute forme de violence, en particulier les essais nucléaires. Les bases scientifiques qui y sont installées doivent coopérer entre elles, quelle que soit la nationalité de leurs chercheurs.

Temps modernes

Versailles était très sale

Au XVIIe siècle, l'eau chaude avait mauvaise réputation à la cour du grand roi Louis XIV : les médecins prétendaient qu'elle favorisait le développement des maladies. La salle de bain étant encore rare, la toilette l'était tout autant. Les courtisans ne se brossaient pas les dents, et dès 25 ans, celles-ci se déchaussaient et tombaient. Pour masquer l'haleine putride et les odeurs corporelles, chacun utilisait des parfums entêtants. Aux odeurs humaines se mêlaient celles des animaux présents jusque dans le palais, chevaux des cavaliers ou vaches pour le lait. La toilette consistait surtout à changer de linge. Les nobles renouvelaient souvent leur garde-robe, à la fois pour des questions d'hygiène et de prestige.

Le peintre Rubens était un agent secret

Rubens fut un des peintres les plus prolifiques de tous les temps. Flamand et homme d'affaires avisé, il avait monté un atelier de peinture : ses élèves peignaient des tableaux, il y mettait la dernière main et y apposait sa signature, qui valait de l'or. Ses affaires l'amenèrent à beaucoup voyager en Europe à une époque, le XVIIe siècle, où les guerres étaient incessantes. Portraitiste polyglotte et homme du monde, il avait ses entrées dans diverses cours royales. Si bien que l'Espagne lui proposa de recueillir des informations politiques et militaires moyennant finance. Pendant plus de dix ans, Rubens accepta de jouer ce jeu habile qui mena à la conclusion de la paix entre l'Angleterre et l'Espagne.

Les Anglais ont été les premiers à couper la tête de leur roi

C'est en 1649 que Charles Ier d'Angleterre fut décapité en place publique. Absolutiste dans sa pratique du pouvoir et désireux de favoriser la religion catholique devenue minoritaire dans le royaume, Charles Ier s'opposa violemment au Parlement britannique, qui possédait des pouvoirs bien réels, comme celui de le destituer et de le condamner à mort. Sa disparition glaça d'horreur les souverains européens : la preuve était faite qu'il était possible d'attenter à la personne sacrée du roi.

Plusieurs tsars ont été assassinés

Pierre III fut assassiné par l'amant de sa femme en 1762 : par le meurtre de son mari, Catherine II devenait tsarine de toutes les Russies. Paul Ier, le fils de Catherine, fut à son tour assassiné, étranglé en 1801 par des grands seigneurs parmi lesquels se trouvait son propre fils. En 1881, c'est au tour d'Alexandre II de tomber sous les bombes des révolutionnaires et, en 1918, son petit-fils Nicolas II est exécuté avec sa femme et ses enfants sur ordre du pouvoir bolchevique.

Les armées étaient composées de mercenaires

Le service militaire ne fit son apparition en France que sous la Révolution, en 1793. Auparavant, les armées étaient composées de volontaires qui s'engageaient pour une durée plus ou moins longue contre une solde, d'où le mot « soldat ». Si certains d'entre eux étaient des nationaux, les armées comptaient aussi de nombreux étrangers ayant trouvé là un moyen de vivre. Quand la solde n'était pas suffisante, les armées soumettaient les régions traversées au pillage. Les Suisses furent les fournisseurs de toutes les armées européennes – y compris celle du pape – du XVe au XVIIIe siècle. À l'époque, leur pays était pauvre, et les jeunes gens étaient obligés de s'exiler pour subsister.

La recette du lièvre « à la royale » a été inventée pour un vieillard

Dans cette recette datant du XVIIe siècle, le cuisinier doit désosser intégralement l'animal avant de le faire mijoter longuement dans un riche bouillon d'aromates. La chair est alors servie fondante, et il n'est nul besoin de la mâcher. Ce plat fut conçu pour Louis XIV vieillissant, par son cuisinier. Le souverain avait les dents si gâtées qu'elles étaient toutes tombées. Édenté, Louis XIV ne pouvait plus mastiquer les viandes qui constituaient l'essentiel de ses repas. Chassés par les nobles de la cour, les animaux étaient réservés à la table des grands. Par goût personnel mais aussi pour montrer son prestige, Louis XIV fit donc toujours servir des plats de viande à la table royale, même s'il n'était plus en état de manger la plupart d'entre eux.

Le roi de Pologne était élu

En 1572, le dernier roi de la dynastie Jagellon, Sigismond Auguste, disparut sans héritier. Les nobles polonais y virent l'occasion inespérée d'imposer leur pouvoir dans le pays. 40 000 d'entre eux se réunirent pour organiser le royaume. Puisqu'il n'y avait pas de roi, ils élurent un Français, Henri de Valois. Honoré par ce choix, le monarque dut se plier aux exigences de ces nobles qui se coupaient les veines et buvaient leur propre sang dans les banquets pour prouver leur loyauté à Henri. Effrayé par ces coutumes et inquiet quant à la réalité de son pouvoir, Henri repartit en France dès la mort de son frère, qui le faisait roi de France. Mais l'habitude était prise : les rois de Pologne furent élus jusqu'au XVIIIe siècle.

Seuls les nobles avaient le droit de porter des perles

La culture des perles d'eau de mer a été inventée par les Japonais au XIXe siècle. Auparavant, seules existaient les perles dites « fines », c'est-à-dire fabriquées naturellement par des coquillages et découvertes par hasard. Leur nombre était si réduit qu'elles constituaient un ornement de très grand prix. En France, pendant la Renaissance, seuls les personnages titrés avaient le droit de les porter.

Les indiennes ont été interdites par Colbert

Sous Louis XIV, le coton était un textile exotique, rare et très cher. On le faisait venir d'Inde où il était imprimé de larges dessins aux couleurs vives. Importées en France, ces toiles « indiennes » devenaient des robes pour dames et des gilets pour messieurs. On s'en servait aussi dans l'ameublement pour les rideaux et les sièges. Mais Colbert, ministre du roi, veillait sur les finances du pays. Ces importations coûtaient plus cher que le lin et la laine fabriqués en France. Ne parvenant pas à changer les habitudes des courtisans, il fit payer des amendes à ceux qui arboraient en public l'étoffe interdite.

Le cœur des rois était enterré séparément de leur corps

Saint Louis décida d'aménager une nécropole royale dans la basilique de Saint-Denis. Mais le corps des rois n'y était pas mis dans son intégralité. En effet, le cœur était sorti du thorax et déposé dans un vase somptueux, avant que le reste du corps ne fût enseveli. C'est ainsi que les cœurs de Louis XIII et de Louis XIV furent placés de part et d'autre de l'autel de l'église Saint-Paul-Saint-Louis, rue Saint-Antoine, à Paris. Le cœur étant considéré comme le siège de toutes les vertus et de l'âme, il constituait un organe à part, symbolique de la présence royale par-delà la mort.

La dernière grande peste d'Europe est arrivée à Marseille en 1720

La peste ravagea l'Europe à plusieurs reprises. À la fin du Moyen Âge, on croyait être délivré de ce fléau. Mais les débuts de la mondialisation entraînèrent l'exportation du redoutable bacille. Les ports européens furent les portes par lesquelles la maladie revint en Europe. En 1720, Marseille fut le théâtre de la dernière épidémie.

La peste était venue de Syrie par bateau, sur de riches étoffes. Par peur de perdre la marchandise, les marchands la vendirent malgré les soupçons qui pesaient sur la cargaison. Cette épidémie fit environ 150000 victimes dans le sud de la France.

Tous les nobles n'étaient pas riches sous l'Ancien Régime

Les aristocrates de l'Ancien Régime n'avaient en commun que le titre et la particule. Mais on trouvait parmi eux des situations très disparates. Si les courtisans présents à Versailles avaient un train de vie fastueux, souvent financé par une pension du roi, il existait aussi en province de pauvres familles nobles vivant chichement dans un donjon lugubre, à peine plus confortable qu'une masure de paysans. En revanche, aucun d'entre eux ne payait l'impôt. Vauban essaya d'instaurer un impôt universel à la fin du règne de Louis XIV, mais il échoua. Finalement, le privilège d'échapper à l'impôt fut aboli sous la Révolution française.

XIXe siècle

Paris avait son « boulevard du crime »

C'est ainsi qu'était surnommé à Paris au XIXe siècle l'actuel boulevard du Temple. Il ne s'y commettait pas plus de crimes qu'ailleurs, mais de nombreux théâtres le bordaient. On y jouait des pièces mélodramatiques où les personnages tombaient amoureux, découvraient qu'ils étaient des enfants trouvés ou ressuscitaient après avoir été assassinés. Si bien qu'il finit par être appelé « boulevard du crime » par les Parisiens. Il est le décor reconstitué du film de Marcel Carné, *Les Enfants du paradis*, sur l'univers de faux-semblant des comédiens. En 1862, les théâtres furent détruits lors des grands travaux planifiés par le préfet Haussmann.

La *Symphonie héroïque* a changé de titre

La 3e symphonie de Ludwig Van Beethoven, composée en 1803, est communément appelée *Symphonie héroïque*. Mais son titre originel est *Symphonie Napoléon*. Le compositeur allemand eut d'abord une grande admiration pour le général Bonaparte qui incarnait, à ses yeux, les idéaux égalitaires et généreux de la Révolution française. Mais, quand Napoléon se fit couronner empereur et entreprit de mettre l'Europe à feu et à sang par sa politique de conquêtes militaires, Beethoven désavoua son héros et débaptisa sa symphonie.

Trafalgar n'est pas une défaite... pour les Anglais

Cette bataille navale du 21 octobre 1805 a laissé un goût si amer aux militaires français qu'elle est passée dans le langage courant. L'expression « un coup de Trafalgar » signifie : un événement retentissant. C'est que, sous Napoléon, la France n'avait pas l'habitude des défaites. Les Anglais furent si heureux et surpris de leur victoire qu'ils négligèrent la mort de l'amiral Nelson, malheureux vainqueur, et donnèrent à l'une des plus grandes places de Londres le nom de Trafalgar Square. Quant au *Trafalgar Day*, il fut célébré dans tout l'Empire britannique le 21 octobre pendant plus d'un siècle.

L'esclavage n'a pas disparu pendant la Révolution française

En 1848, Victor Schoelcher obtint l'abolition de l'esclavage dans les colonies françaises. Sous la Révolution française, qui proclamait l'égalité entre les hommes, la question s'était déjà posée. Mais de nombreux députés possédant des intérêts dans les îles à sucre, la Guadeloupe, la Martinique et Saint-Domingue, avaient tenté d'éviter d'y faire appliquer la Déclaration des droits de l'homme. Saint-Domingue ayant aboli l'esclavage en se déclarant indépendante de la France, les députés avaient finalement déclaré l'abolition en 1794. Mais, dès 1802, Napoléon réinstitua l'esclavage, probablement influencé par sa femme, Joséphine de Beauharnais, dont la famille possédait d'importantes plantations en Martinique.

Les ouvriers travaillaient sept jours sur sept

Quand la révolution industrielle démarra au cours du XIXe siècle en France, la disponibilité de la main-d'œuvre était un élément essentiel de la réussite économique. De même que le paysan travaillait la terre sept jours sur sept, l'ouvrier fut soumis à un rythme semblable à l'usine. Ce n'est qu'en 1907 que l'idée d'un repos hebdomadaire de la main-d'œuvre vit le jour. Auparavant, il était inconcevable de recevoir une rétribution sans fournir un travail en échange. Le dimanche fut rapidement adopté comme jour chômé afin d'encourager la pratique religieuse. Mais, dans certaines usines comme les aciéries, le travail en continu obligeait déjà à imaginer un roulement des jours de congé. Pour surveiller et travailler la coulée de fonte en permanence, y compris la nuit, les trois-huit furent mis en œuvre.

L'Inquisition n'a été abolie qu'en 1834 en Espagne

La Sainte Inquisition était un tribunal religieux chargé d'enquêter sur ceux qui ne pratiquaient pas la religion catholique selon les dogmes édictés par le pape. Né en 1199, ce tribunal fut très actif au Moyen Âge, où il instruisit nombre de procès en sorcellerie et pourchassa les hérétiques. Les cathares furent jugés et condamnés par l'Inquisition. La branche espagnole fut fondée en 1478 pour pourchasser les musulmans et les juifs, nombreux en Espagne. Elle ne s'éteignit qu'au XIXe siècle, en 1834.

Le divorce est apparu en 1792

C'est sous la Révolution que le divorce apparut en France : chacun des deux conjoints pouvait alors le demander pour raison d'incompatibilité de caractère. Aucun justificatif n'était nécessaire, la dissolution était effective par simple consentement mutuel. Inquiet du nombre croissant de divorces, Napoléon le limita en 1804 mais en usa lui-même en 1809 pour se séparer de Joséphine. En 1816, le divorce fut supprimé en France. Il fut définitivement rétabli en 1884 par la loi Naquet, tout en étant strictement encadré : jusqu'en 1975, il fallait prouver la faute du conjoint pour demander la séparation.

Les vins de Bordeaux étaient méprisés avant le XIXe siècle

Les Anglais ont favorisé le développement des vignobles du Bordelais au Moyen Âge. À cette époque, l'Aquitaine était anglaise et de nombreux bateaux quittaient Bordeaux pour les ports anglais avec leurs précieux tonneaux de « claret ».

Les Français méprisaient ce vignoble et consommaient plus volontiers les vins de Bourgogne et de Champagne. Ce n'est qu'au début du XIXe siècle que l'impératrice Joséphine lança la mode des bordeaux en achetant plus de 6000 bouteilles aux meilleurs vignerons de la région.

Le poète Lamartine a fait partie du gouvernement

En 1848, la France renversa Louis-Philippe, roi des Français depuis 1830. Un vent de révolution soufflait sur le pays, qui proclama la Seconde République. Les esprits étaient enfiévrés. On planta des « arbres de la liberté » sur les places des villages. Un gouvernement provisoire s'empara de l'hôtel de ville de Paris, dans l'intention d'organiser des élections au suffrage universel. Aux affaires étrangères fut nommé un homme exceptionnel : Alphonse de Lamartine. Poète romantique plus qu'homme politique, il avait un talent d'orateur certain mais fut vite dépassé par le caractère insurrectionnel de ses compagnons. Aux élections présidentielles, il fut battu par Louis Napoléon Bonaparte, futur Napoléon III.

Les cendres du fils de Napoléon reposent à côté de celles de son père aux Invalides

Le 15 décembre 1940, soit exactement un siècle après le transfert des cendres de Napoléon Ier sous le dôme des Invalides, Hitler y fit déposer les restes de Napoléon II aux côtés du tombeau de son père. Ce geste, effectué alors que la France venait de perdre la guerre contre l'Allemagne, montrait l'admiration que le dictateur nazi vouait à la mystique napoléonienne. Hitler se prenait alors pour un second Napoléon, le meilleur stratège militaire de son époque. Mais, à partir de 1942, il fut pris au même piège que Bonaparte : l'hiver russe.

Le premier scrutin au suffrage universel a porté un dictateur à la tête de la France

C'est en 1848 que les Français votèrent au suffrage universel pour la première fois. Seuls les hommes étaient invités à venir s'exprimer, mais tous les hommes, sans distinction de classe, de fortune ou d'origine. Ils devaient élire le premier président de la République française. Cinq candidats se présentaient au poste suprême. Mais beaucoup des électeurs étaient analphabêtes et facilement influençables. C'est le neveu de Napoléon Ier qui l'emporta, Louis Napoléon Bonaparte, avec 75 % des voix. Il fut élu pour un seul mandat de quatre ans. En 1851, il fit un coup d'État et restaura le régime impérial en France pour dix-neuf ans.

En Russie, le service militaire durait plus de vingt ans

Enrôlés à 18 ans, les conscrits de l'armée tsariste n'étaient libérés que vers 40 ans, quand ils n'étaient pas morts sur un champ de bataille. Les juifs russes subissant des mesures vexatoires étaient enrôlés dès l'âge de 12 ans. Grâce à ce service militaire de longue durée, le tsar disposait de la plus importante armée de soldats professionnels en Europe. La réserve inépuisable constituée par ces soldats issus de la paysannerie fit qualifier l'armée russe de « rouleau compresseur » pendant la Première Guerre mondiale. 3,4 millions de soldats russes étaient mobilisés à l'été 1914.

Jules Ferry n'a pas voulu l'école obligatoire… mais l'instruction

Lorsqu'en 1882 Jules Ferry, ministre de l'Instruction publique, déclara l'instruction gratuite, laïque et obligatoire, il espérait amener tous les enfants de France à l'école de la République et les soustraire à l'influence des établissements religieux. Mais il savait bien que la tâche était ardue : il fallait construire des écoles par milliers et recruter des enseignants. Aussi fut-il admis par la loi que les parents pouvaient instruire eux-mêmes leurs enfants ou les faire instruire par un maître à domicile. Jusqu'à nos jours, l'État se réserve le droit de vérifier les connaissances des jeunes élèves en matière de lecture, d'écriture et de calcul.

Les châteaux de Louis II de Bavière sont un investissement rentable

Quand le roi de Bavière, le jeune et romantique Louis II, construisit ses châteaux de conte de fées sur les montagnes bavaroises, tout le monde le traita de fou. Il faut reconnaître que le jeune homme était lunatique et dépressif. La musique de Wagner le mettait en transe.

Le peuple et les ministres critiquèrent ouvertement les dépenses excessives de son règne. On finit même par le déclarer atteint d'aliénation mentale pour l'empêcher d'avoir accès au Trésor. Pourtant, aujourd'hui, les châteaux de Louis II sont une des attractions majeures du sud de l'Allemagne. Des cohortes de touristes les visitent les uns après les autres. Ils sont donc devenus rentables à un siècle de distance. Un peu comme le sont les pyramides d'Égypte, qui constituèrent pourtant à l'origine un investissement... pharaonique !

Les Néo-Zélandaises ont été les premières à voter

Le suffrage « universel » a longtemps été exclusivement masculin. C'est en 1893 que la Nouvelle-Zélande devint le premier pays à donner le droit de vote sans restriction aux femmes. Vinrent ensuite, au début du XXe siècle, les Scandinaves. Des femmes accédèrent aux postes de députés et s'impliquèrent dans la vie politique et publique. C'est dans la toute jeune Union soviétique qu'une femme, Alexandra Kollontaï, participa pour la première fois à un gouvernement. La France n'octroya le droit de vote aux femmes qu'en 1944 alors que trois femmes avaient été sous-secrétaires d'État en 1936, sous le Front populaire. La Suisse fut bonne dernière en 1971.

XXe siècle

Mussolini était socialiste

C'est parce que les parents de Mussolini vouaient une grande admiration au révolutionnaire mexicain Benito Juárez qu'ils prénommèrent leur fils Benito. Militant anarchiste, le père de Mussolini lui transmit le virus de la politique. Et, dans sa jeunesse, le futur dictateur se plaçait à l'extrême gauche : réfractaire au service militaire, pacifiste, journaliste dans divers journaux de gauche, il entra rapidement à la direction du Parti socialiste italien. La guerre de 1914-1918 modifia son point de vue : radicalement favorable au conflit, il devint un combattant exemplaire. Avec l'aide de ses camarades anciens combattants, il créa en 1919 le mouvement fasciste des « Chemises noires », marchepied vers le pouvoir absolu.

La Première Guerre mondiale n'était pas mondiale

En 1914, les plus grandes puissances européennes entrèrent en guerre, entraînant dans leur sillage leurs colonies. La France, le Royaume-Uni, l'Allemagne, l'Autriche-Hongrie, la Russie, l'Italie, mais aussi l'ensemble des pays du Commonwealth se jetèrent dans la guerre. Le Japon attaqua la Chine qui se plaça dans le camp des Anglais. En 1917, les États-Unis prêtèrent main-forte aux Anglais et aux Français. Mais l'Amérique latine restait en dehors du conflit et certaines puissances demeuraient neutres, telles la Suisse, l'Espagne ou la Suède. La Seconde Guerre mondiale a concerné plus de pays, surtout avec le ralliement d'une partie de l'Amérique latine aux États-Unis. La Suisse et la Suède sont restées neutres.

La révolution d'Octobre n'a pas eu lieu en octobre...

... mais en novembre 1917 en Russie. En effet, à cette époque, et malgré la première révolution de février 1917 qui avait renversé le régime tsariste, les Russes utilisaient toujours le calendrier julien alors que le reste de l'Europe était passé au calendrier grégorien. Le pouvoir bolchevique imposa le nouveau calendrier en 1918, mais l'Église orthodoxe refusa d'appliquer une décision issue d'un gouvernement athée. C'est pourtant un pape – Grégoire XIII – qui avait proposé cet ajustement au XVIe siècle.

Les États-Unis n'étaient pas dans la SDN

En janvier 1918, le président des États-Unis Woodrow Wilson prononça un discours devant le Congrès américain. Il proposait la création d'« une association générale des Nations », en vue d'éviter les conflits à l'avenir. Après l'armistice de la Grande Guerre, la Société des Nations, ancêtre de l'ONU, vit effectivement le jour en 1920. Mais le Congrès américain, reniant certaines clauses du traité de Versailles, préféra reprendre sa politique isolationniste et se retira des affaires européennes. Les États-Unis n'adhérèrent donc pas à la SDN, pourtant créée à leur initiative !

La Pologne a disparu et réapparu

La nation polonaise, de langue polonaise et de tradition catholique, s'est dotée d'un État au Xe siècle. Mais, à la fin du XVIIIe siècle, les trois voisins de la Pologne, la Russie, l'Autriche et la Prusse, se partagèrent le royaume, qui disparut de la carte de l'Europe en 1795. Sous Napoléon, un éphémère « grand-duché de Varsovie » fut créé, d'une surface égale aux deux cinquièmes de l'ancien royaume et qui disparut à nouveau en 1815. Il fallut attendre 1918 pour voir réapparaître un véritable État polonais. Cependant, ses frontières avaient été dessinées de telle manière qu'il fut bientôt en conflit avec l'Allemagne nazie à cause de la ville de Dantzig (Gdansk). Les frontières actuelles de la Pologne datent de 1945.

En France, la grande crise n'a pas commencé en 1929

Aux États-Unis, le krach du jeudi 24 octobre 1929, le « jeudi noir », a donné le départ de la grande crise qui s'est rapidement étendue à plusieurs pays européens, particulièrement l'Autriche. La France est restée préservée de l'effondrement économique pendant quelques années. Sa structure de petites entreprises, ses faibles échanges avec les autres pays, son repli sur l'empire colonial et l'autofinancement de ses activités ont retardé l'arrivée de la crise. Ce n'est qu'à partir de 1932 que les marchandises produites ne trouvèrent plus assez d'acheteurs, entraînant la fermeture des usines et l'augmentation catastrophique du chômage.

Les oustachis ont assassiné un ministre français

En 1934 eut lieu à Marseille un attentat contre le roi de Yougoslavie. Alexandre Ier fut assassiné sur le sol français par des terroristes oustachis qui ne reconnaissaient pas son autorité. Ce groupuscule de Croates ultraviolents refusait de se soumettre à un souverain serbe. Venu accueillir le roi à sa descente du bateau, le ministre des Affaires étrangères, Louis Barthou, fut touché par une balle, victime collatérale d'un conflit qui ne le concernait pas. Un policier voulant tirer sur l'agresseur oustachi visa mal et atteint mortellement le ministre.

La croix gammée n'est pas un symbole nazi

Le drapeau nazi, dessiné par Hitler lui-même, comportait un disque blanc sur fond rouge. À l'intérieur du disque se trouvait peint en noir un svastika, ou croix gammée. Au bras des dignitaires du régime ou sur la façade des principaux édifices, ce symbole envahit l'Allemagne. Pourtant, Hitler ne l'avait pas inventé mais simplement repris sur des monuments de l'Antiquité. Présent sur d'innombrables édifices anciens, le svastika se retrouve aussi bien en Irlande, où il voisine avec la croix chrétienne, qu'en Amérique sur les tissages des Indiens Hopis ou au Japon sur les armes de samouraïs. Utilisé parfois seul, parfois sous forme de frise continue, il est à la fois un élément d'ornementation et un symbole solaire : en tournant sur lui-même, il devient un disque particulièrement révéré dans l'univers hindouiste et bouddhiste.

La réoccupation de la rive gauche du Rhin était un coup de bluff

À l'issue de la guerre de 1914-1918, la France avait obtenu la démilitarisation du territoire allemand de Rhénanie, sur la rive gauche du Rhin. Hitler avait promis aux Allemands qu'il leur rendrait leur puissance d'avant la Grande Guerre. Poussé à tenir ses promesses, il envoya des soldats en Rhénanie le 7 mars 1936. Mais il s'attendait à des protestations internationales et avait prévu à l'avance un dispositif de retrait. La communauté internationale ne réagit que symboliquement. Hitler avait gagné son pari. Le succès de ce coup de bluff le poussa ensuite à occuper l'Autriche, les Sudètes et, enfin, la Pologne, le 1er septembre 1939. Si cette fois Français et Anglais lui déclarèrent la guerre, ils ne l'attaquèrent pourtant pas, laissant à l'armée allemande l'initiative du combat après avoir repris des forces.

La construction des autoroutes allemandes n'a pas été lancée par Hitler

Quand Hitler s'empara du pouvoir en Allemagne en 1933, des tronçons d'autoroute avaient déjà été construits. C'est sous la république de Weimar qu'on décida dès 1921 de concevoir et d'aménager à l'ouest de Berlin la première route dédiée uniquement aux voitures et interdite aux piétons et aux voitures à chevaux. Mais, avec la crise, les financements furent difficiles à trouver, et les chantiers s'arrêtèrent rapidement. Hitler ne fera que reprendre ce projet et convaincre des investisseurs de son intérêt économique.

La France a perdu la guerre contre l'Allemagne

Au sortir de la Deuxième Guerre mondiale, de Gaulle voulut faire croire aux Français et au monde entier que la France avait été résistante face au nazisme. C'était oublier un peu vite le régime de Vichy. Si la France était entrée en guerre contre l'Allemagne en septembre 1939, elle avait été vaincue sans ménagements au printemps 1940 et avait signé le 22 juin un armistice. Pour le maréchal Pétain, nouveau chef du gouvernement, les combats étaient terminés et la France devait accepter la défaite. Ce n'est que par l'action d'une minorité de Français que la Résistance s'organisa, alors que le gouvernement officiel de la France, le régime de Vichy, vivait en paix avec l'occupant et participait activement à la collaboration. Il fallut à de Gaulle plusieurs années pour se faire reconnaître par les Américains comme le représentant de la France et un allié à part entière dans la lutte contre Hitler.

Plus de 100 000 militaires sont morts pendant la campagne de France

L'armée allemande balaya la Belgique et entra en France le 10 mai 1940. L'armée française était massée derrière la ligne Maginot, plus à l'est. Elle fut prise à revers par l'armée allemande, qui remporta rapidement la victoire. En six semaines seulement, du 10 mai au 22 juin 1940, jour de l'armistice, 100 000 soldats furent tués du fait des bombardements aériens, de l'utilisation massive des chars et de la violence des combats. De plus, 1 million d'hommes furent faits prisonniers et envoyés en Allemagne pour y servir de main-d'œuvre industrielle pendant toute la durée de la guerre.

Roosevelt était informé de l'attaque de Pearl Harbor en 1941

Les services secrets américains avaient décodé le code secret de l'armée japonaise, ce qui leur permit d'être informés de l'attaque prévue sur Pearl Harbor, dans l'archipel d'Hawaï, contre les navires de la flotte américaine, alors que les États-Unis n'étaient pas encore entrés en guerre. Soit parce qu'il était difficile de savoir quelles étaient les informations fiables dans la masse de nouvelles que traitaient les services secrets, soit parce qu'il pensait que c'était le seul moyen de convaincre le Congrès d'entrer en guerre aux côtés des Anglais, le président Roosevelt ne tenta pas d'arrêter cette attaque, qui propulsa les États-Unis dans la guerre le 8 décembre 1941.

La France n'a pas été épurée

Au lendemain de la Deuxième Guerre mondiale, beaucoup de prétendus patriotes étaient des résistants de la dernière heure. Pendant le conflit, la majorité des Français n'étaient ni dans un camp ni dans l'autre. En 1945, ils réclamèrent à grands cris le châtiment des « collabos ». Quelques lynchages eurent lieu ; des procès furent organisés. Mais le nombre de condamnés à mort ne dépassa pas le millier de personnes. Seuls les collaborateurs les moins discrets furent exécutés. De Gaulle, qui était à la tête du gouvernement, ne souhaitait pas entamer une guerre civile. De plus, il avait besoin des cadres administratifs pour reconstruire le pays. Finalement, de nombreux condamnés à mort furent graciés, le plus célèbre étant le maréchal Pétain lui-même.

La bombe atomique n'a pas été inventée par des Américains

C'est sur l'insistance d'un groupe de scientifiques venus du monde entier se réfugier aux États-Unis que le président américain Roosevelt se décida à lancer le programme baptisé « Manhattan » en 1942. Ce programme de recherche nucléaire aboutit à la fabrication de la bombe atomique. Le célèbre savant allemand Albert Einstein, réfugié à Princeton, parvint en effet à mettre en garde le président contre la possibilité d'une bombe allemande, qui aurait donné l'avantage à Hitler. Dans ce groupe de savants se trouvaient des Danois, des Italiens, des Hongrois et des Allemands, qui mirent au service des États-Unis toutes leurs connaissances en physique nucléaire.

Le gouvernement français a envisagé d'adhérer au Commonwealth

En 1956, le président égyptien Nasser nationalisa par la force le canal de Suez. La France et la Grande-Bretagne furent spoliées de leurs droits sur le canal et mirent sur pied une expédition militaire. Celle-ci gagna militairement mais dut évacuer sous la pression des États-Unis et de l'Union soviétique. Le rapprochement avait été si étroit que Guy Mollet, alors chef du gouvernement français, envisagea l'entrée de la France dans le Commonwealth, l'union des territoires sous autorité symbolique de la reine d'Angleterre. Les Anglais prirent la demande au sérieux et instruisirent un dossier de candidature, même si, ultérieurement, Christian Pineau, alors ministre des Affaires étrangères, a prétendu qu'il s'agissait d'une simple plaisanterie.

L'apartheid a existé aux États-Unis

Le pays le plus célèbre pour son régime de ségrégation raciale entre Noirs et Blancs est l'Afrique du Sud, où ce principe a été imposé par les colonisateurs néerlandais au milieu du XXe siècle. Mais on oublie souvent qu'aux États-Unis, dans quelques États du Sud, l'apartheid existait encore dans les années 1960. Noirs et Blancs, pourtant tous citoyens américains de souche, ne fréquentaient pas les mêmes écoles, n'allaient pas se faire soigner dans les mêmes hôpitaux, ne pouvaient s'asseoir côte à côte dans un autobus. C'est le combat de Martin Luther King qui mit progressivement un terme à cette situation en donnant aux Noirs les mêmes droits qu'aux Blancs.

La France a toujours été dans l'OTAN

En 1949, la France adhéra à l'alliance militaire suscitée par les États-Unis avec les pays de l'Europe de l'Ouest : l'OTAN (Organisation du traité de l'Atlantique Nord). Dans le contexte de la guerre froide, cette adhésion entraînait l'obligation de défendre les alliés en cas d'attaque de l'Union soviétique. Le haut commandement des forces alliées s'installa à Rocquencourt, près de Paris, et il fut convenu que l'armée française serait placée sous commandement américain en cas de conflit. Devenu président de la République en 1958, de Gaulle voulut restaurer la puissance de la France. La souveraineté de l'armée faisant partie des symboles de cette puissance, le Général refusa l'obéissance à une puissance étrangère, même amie. C'est à ce titre qu'il retira la France du commandement intégré de l'OTAN en 1966, sans pour autant quitter une alliance dont il ne pouvait se passer. L'état-major américain déménagea en Belgique.

La monarchie est majoritaire en Europe

La plus ancienne République européenne unie est la Suisse, officiellement depuis 1648. La France est une république depuis la fin du XIXe siècle. Mais les monarques sont encore très nombreux en Europe : Élisabeth II en Angleterre, Juan Carlos en Espagne, la famille d'Orange-Nassau aux Pays-Bas, les monarchies scandinaves, ou encore les Grimaldi à Monaco. Ces monarchies ne sont plus absolutistes depuis longtemps : elles gouvernent avec l'aide d'un parlement et tous leurs sujets ont le droit de vote au même titre que les citoyens des républiques.

Table

Expressions historiques et noms de personnages 71

Afrique et mondes lointains 83